Emmanuelle Vibert • Dume

STOP à la surconsommation

Déjouer les pièges de la conso / Préserver la planète

Bayard Jeunesse

*L'éditrice remercie Chloé Scozzaro et Telma Breul
pour leur aide précieuse, ainsi que Jean-Yves Dana
pour sa relecture attentive, et Matthieu Lor
pour son indéfectible implication.*

18 rue Barbès, 92120 Montrouge
ISBN : 979-10-363-5552-3
Dépôt légal : février 2024
2e tirage : juillet 2024

Loi n° 49-956 du 16 juillet 1949 sur les publications destinées à la jeunesse.
Imprimé en Pologne par Dimograf.

T'es-tu déjà demandé quand les humains sont devenus des consommateurs ? Difficile de répondre, n'est-ce pas ? Cela implique de comprendre ce mot passe-partout : consommer.
Consommer, c'est boire, c'est manger, c'est acheter, c'est user, c'est écouter, c'est regarder... Pas très précis, hein ? Pour mieux le cerner, ce mot, faisons un jeu des contraires. « Consommer » s'oppose à un autre verbe : produire. On peut donc dire que les humains consomment depuis qu'ils produisent, autrement dit... depuis la préhistoire. Lorsque les premières civilisations se sont mises à produire des aliments ou des matériaux pour fabriquer des vêtements, des objets... eh bien, elles se sont mises à consommer ce qu'elles avaient produit ! Dans ces conditions, tu comprends que ce livre n'a pas vocation à te dire d'arrêter de consommer : cela reviendrait à te conseiller de ne plus être ce que tu es... Absurde ! Par contre, il t'invite à prendre conscience d'une dérive de la consommation que nous connaissons tous très bien : la surconsommation. À savoir : consommer plus que ne l'imposeraient nos besoins. Pourquoi le faudrait-il ? Pas parce que ce n'est pas bien. Après tout, manger par plaisir, acheter par envie... Il n'y a rien de mal à cela dès lors que l'on n'est pas dans l'excès. Mais parce que surconsommer, ça oblige à surproduire. Et cela, vu que nous sommes huit milliards de consommateurs sur la Terre, c'est notre planète qui ne le supporte plus. C'est elle qui nous dit stop.
À présent que tu as compris l'enjeu, je te laisse tourner les pages de ce livre. Tu verras, c'est une précieuse boîte à idées pour questionner, pour comprendre, pour se lancer des défis et tenter de changer nos habitudes, pour agir. Et, au final, pour se sentir heureux dans la vie, en consommant de façon responsable !

Jean-Yves Dana
Rédacteur en chef d'Okapi

SOMMAIRE

DÉCRYPTER LA CONSO

DÉBUSQUER LES PIÈGES DE LA PUB

MESURER LES IMPACTS

APPLIQUER LES BASES DE LA CONSO RESPONSABLE

CRÉER UN AUTRE MONDE DE LA CONSO, C'EST POSSIBLE

On n'est pas devenus des hyper consommateurs avec un gros impact sur la planète du jour au lendemain ! C'est le résultat de tout **un processus**.

Révolution industrielle : la production fait boom
La révolution industrielle débute au Royaume-Uni. Elle s'étend à la France, au début du XIXe siècle. Les machines à vapeur se perfectionnent. On extrait massivement le charbon pour les faire fonctionner. Les usines fabriquent des produits manufacturés à grande échelle.

FIN XVIIIE SIÈCLE

Première ligne de train : bientôt, des transports de masse
La première ligne de chemin de fer française est ouverte entre Saint-Étienne et Andrézieux, pour transporter du charbon. Dans les quinze années qui suivent, on en construit 569 km en France. Les trains permettent de transporter rapidement les marchandises produites.

1827

Les grands magasins : ancêtres de nos supermarchés
Le Bon Marché ouvre à Paris. Viennent ensuite les Grands Magasins du Louvre (1855), le Bazar de l'Hôtel de Ville (1856), le Printemps (1865), La Samaritaine (1870) et les Galeries Lafayette (1893). On y trouve une multitude de marchandises à bon prix qui se vendent à coup de publicités et de soldes.

1852

Des marques, des marques !
Pour faire connaître leurs produits, inspirer confiance, les grandes entreprises de production créent des marques à coup de logos et de publicités reconnaissables en un instant. Certaines existent encore aujourd'hui ! Coca-Cola naît en 1886, Gillette en 1895, Kellogg's en 1906…

1880-1920

LA MONTÉE VERS

LA CONSOMMATION, TOUTE UNE HISTOIRE

Des pubs partout

Fin XIXᵉ, une presse d'un nouveau genre apparaît aux États-Unis : les magazines. Remplis d'articles sur la vie quotidienne, ils sont conçus comme des supports de pub. Les magazines arrivent en France dans les années 1930 : *Votre Beauté* (créé par le dirigeant des cosmétiques L'Oréal) et *Marie-Claire*. Le cinéma et la radio se mettent aussi à pousser à la consommation.

Invention du conteneur

Aux États-Unis, Malcolm McLean invente une boîte aux dimensions standardisées pour transporter les marchandises : le conteneur. Il passe facilement de la cale d'un bateau à la remorque d'un camion. Grâce à lui, la circulation des marchandises explose à travers le monde. En 2020, 5 390 porte-conteneurs ont fait voyager 256 720 tonnes de produits.

Consommation de masse, c'est parti…

En France entre 1954 et 1975, on passe de 8 % à 69 % de foyers équipés de machines à laver et de réfrigérateurs et de 1 % à 83 % pour les télévisions. Les investissements publicitaires sont multipliés par 7,5 entre 1952 et 1972. On entre aussi dans l'ère du plastique, avec lequel on fabrique meubles, vêtements, jouets, etc.

L'ère numérique

Le Britannique Tim Berners-Lee invente le World Wide Web. Internet devient accessible au plus grand nombre. C'est le début de l'ère numérique. Bientôt naîtront Amazon (1994) et Facebook (2004). On se met à acheter en ligne. Internet connaît tout de nos goûts et de nos habitudes et nous propose des publicités ultraciblées.

AU TOURNANT DU XIXᵉ SIÈCLE

ANNÉES 1950

1989

L'HYPER CONSO

LE TEMPS DES IMPACTS

Avec l'émergence de ce nouveau système de consommation vient aussi le temps des matières premières puisées en excès, de la pollution et des déchets.

1860

La pollution noire du charbon

L'écrivaine George Sand publie *La Ville noire*, l'histoire d'un ouvrier dans la ville de Thiers, pleine de coutelleries et papèteries. Elle y raconte un « enfer » : « Toits de bois noircis par la fumée », « trou noir et hideux », « eau qui tombait en une nappe noire ». C'est une des premières descriptions frappantes de la pollution industrielle.

1896

L'effet de serre

Le chimiste suédois Svante Arrhenius affirme que les machines à vapeur de la révolution industrielle augmentent la quantité de CO_2 dans l'atmosphère, ce qui va réchauffer la Terre. C'est une première définition de l'effet de serre, qui ne sera pris au sérieux par les scientifiques qu'à partir des années 1970.

DE 1879 À 1912

La fièvre du caoutchouc

La demande en caoutchouc explose. Cette substance issue de la sève de l'hévéa sert notamment à produire des pneus. En Amazonie, des colons réduisent en esclavage les populations autochtones et épuisent des parcelles de forêts pour extraire cet « or blanc ». Ces maltraitances humaines et ce pillage des ressources existent dans la plupart des pays colonisés dans le monde et perdurent jusqu'à aujourd'hui, pour alimenter la consommation occidentale.

1962

Printemps silencieux

Après-guerre, les pesticides ont permis d'augmenter la productivité agricole, mais pas sans conséquence. En 1962, la biologiste américaine Rachel Carson dénonce dans *Printemps silencieux* la destruction des insectes et des oiseaux par ces pesticides. Le succès de ce livre entraîne l'interdiction du DDT (un pesticide dangereux) aux États-Unis et la naissance du mouvement écologiste, qui défend l'idée qu'on peut produire nos aliments sans polluer.

1997

Le continent de plastique

Le navigateur Charles Moore découvre du plastique flottant à perte de vue dans le Pacifique Nord. Sur ce « septième continent de plastique » de 3,4 millions de km^2 (l'équivalent de l'Inde), on comptera une quantité de plastique six fois supérieure au plancton. Chaque année, plusieurs millions de tonnes de plastique finissent dans les mers du monde. La pollution y est présente partout, sous forme microscopique.

2020

Ça chauffe !

La température moyenne de la planète a augmenté de 1,1 °C au cours de la décennie 2010-2020 par rapport aux années 1850-1900, à cause des émissions de CO_2 dans l'atmosphère, liées à notre mode de vie et à la production industrielle.

2 AOÛT 2023

Le jour du dépassement

Il est calculé par les ONG Global Footprint Network et le Fonds mondial pour la nature (WWF). C'est la date à laquelle l'humanité a consommé toutes les ressources que la Terre peut générer en un an. Le temps restant, nous utilisons donc des ressources que la planète n'est pas en mesure de régénérer. Depuis les années 1970, cette date arrive de plus en plus tôt dans l'année.

Impossible de nier **l'apport de ces marques** : des repas cool à bas prix, des vêtements au top de la tendance sans se ruiner… On leur dit merci ?

MCDONALD'S

Au début…

Les frères McDonald, Dick et Mac, ouvrent leur premier resto, en Californie, en 1940. Les clients, garés sur le parking, sont servis par des employés en patins à roulettes.

Le *business model*

Pour servir les clients plus vite, la carte est limitée : burgers, frites, milk-shakes, cafés, boissons. Des machines fabriquent des steaks uniformes couverts d'une quantité de sauce calibrée. Les emballages jetables remplacent la vaisselle. Le fast-food est né !

Des chiffres fous

- 40 000 restaurants dans 119 pays.
- 8 milliards de kilos de bœuf achetés dans le monde par an.
- 2,8 tonnes d'emballages jetables produites par minute dans le monde (selon une étude de Zero Waste France parue en 2017).

Le problème…

• Beaucoup d'aliments y sont jugés comme trop gras, trop sucrés et trop salés. Par exemple, les menus dits « Maxi » avec « grande frite » et soda de 50 ml sont considérés comme des « bombes caloriques* ».

• La viande est l'aliment phare des burgers, alors qu'on doit en réduire notre consommation.

* Enquête de l'association Consommation, Logement et Cadre de Vie (CLCV), « Fast-food : des menus enfants encore trop caloriques », 28 novembre 2022

À TOI DE JOUER

Les marques ont envahi nos vies à tel point qu'on les reconnait plus facilement que les feuilles des végétaux !

Fais le test. Combien de logos reconnais-tu contre combien de feuilles ?

1

2

A

B

Réponses : 1 - Apple; 2 - Toyota; 3 - Instagram; 4 - Nike; 5 - Mercedes; 6 - Carrefour

SHEIN

Au début…

En 2008, Chris Xu, un Chinois né aux États-Unis, crée Sheinside pour vendre aux Occidentaux des robes de mariée fabriquées en Chine. L'entreprise devient Shein en 2015 et vend toutes sortes de vêtements.

Le *business model*

Shein a accéléré le rythme de la *fast fashion*, inventée par Zara dans les années 1990, en créant de nouveaux modèles en quelques jours. Leur méthode : analyser les tendances sur les réseaux sociaux et récolter les données de leurs clients sur Internet. Les collections sont produites très rapidement par un réseau d'usines. C'est l'ultra-*fast fashion* : des prix très bas et un renouvellement permanent des modèles.

Des chiffres fous

- Shein est l'appli la plus téléchargée aux États-Unis, devant Amazon.
- 6 000 nouvelles références chaque jour.
- Shein expédie dans 250 pays.

Le problème…

• Les usines qui fournissent Shein font travailler leurs employés dans des conditions très difficiles**.

• Les livraisons génèrent des emballages polluants et d'importantes émissions de CO_2.

• Selon l'ONG Greenpeace, environ 20 % des vêtements Shein contiennent des substances nocives pour la santé. Dans certains bijoux, on a trouvé du nickel, du plomb, du cadmium et du mercure, des métaux dangereux pour la santé.

** Voir article paru dans *Le Monde* du 5 janvier 2022, « Shein, le nouveau géant de l'"ultra fast fashion" aux méthodes peu reluisantes ».

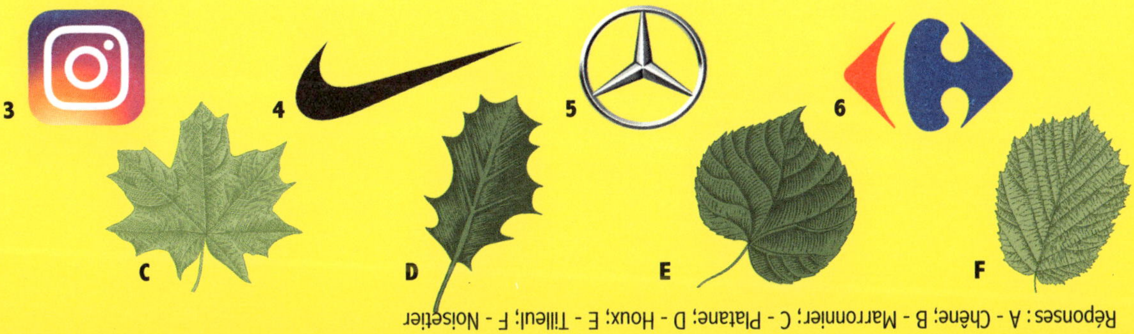

Réponses : A - Chêne; B - Marronnier; C - Platane; D - Houx; E - Tilleul; F - Noisetier

L'année est jalonnée de fêtes qui sont devenues **des célébrations de la surconsommation**. Jusqu'à en oublier les vraies raisons de ces fiestas...

SAINT-VALENTIN

14 février

Au XVIIIe siècle, en Angleterre, on s'envoie des mots d'amour pour la Saint-Valentin. Mais c'est au siècle suivant, aux États-Unis, que la fête prend une tournure commerciale, avec le développement de l'industrie de la carte. Des publicités encouragent leur achat, puis d'autres cadeaux à offrir à l'être aimé.

HALLOWEEN

31 octobre

Halloween prend ses racines en Europe à l'époque celtique, aux alentours de l'an 600 av. J.-C., quand on célébrait l'entrée dans la saison froide. Elle devient une fête importante aux États-Unis, quand les Irlandais y émigrent en masse, au XIXe siècle. Halloween commence à ressembler à ce que l'on en connaît aujourd'hui : des chats noirs, des citrouilles, des toiles d'araignée qui font peur. Cette fête débarque en France il y a une trentaine d'années, boostée par les commerçants qui y voient une occasion de vendre des gadgets.

BLACK FRIDAY

Dernier vendredi de novembre
Le Black Friday est apparu aux États-Unis dans les années 1950. Il a lieu le lendemain de Thanksgiving (qui se fête le quatrième jeudi de novembre et commémore la fondation des États-Unis). Le Black Friday, jour de congé là-bas, est l'occasion de préparer ses achats de Noël. Pour attirer les clients, les magasins proposent des réductions. Au fil du temps, le Black Friday tourne à une orgie d'achats. La tradition débarque en France dans les années 2010.

LE GREEN FRIDAY, BIEN MIEUX QUE LE BLACK !

Des associations écolos ont créé un mouvement pour résister au Black Friday : le Green Friday. Pendant une journée, elles proposent des activités anti-conso : initiation à la réparation d'appareils électroménagers, parties de jeux de société dans des ludothèques, expos de sculptures avec des déchets…
greenfriday.fr

NOËL

25 décembre
C'est aujourd'hui une fête chrétienne célébrant la naissance de Jésus, mais ses racines remontent à l'Antiquité grecque et romaine. On fêtait alors le solstice d'hiver. Déjà à cette époque, certains enfants recevaient des cadeaux pour l'occasion. À partir du XVIe siècle, la tradition de saint Nicolas apportant des jouets et des friandises prend de l'ampleur. Le père Noël, avec sa hotte pleine de cadeaux et sa barbe blanche, s'impose au début du XXe siècle en France. C'est aussi le moment où les grands magasins appuient le développement de l'industrie des jouets, avec leurs vitrines et leurs catalogues remplis de merveilles. L'importance des cadeaux de Noël s'est amplifiée en même temps que la société de consommation.

QUESTION PIÈGE

Peut-on faire des cadeaux sans surconsommer ?

Réponse : oui ! La preuve, avec ces idées :
- Un bon pour une séance d'escalade dans la nature.
- Un kit d'urgence pour faire des cookies : un bocal que tu remplis de sucre, de farine et de pépites de chocolat (il suffira d'ajouter du beurre, des œufs et de cuire).
- Un foulard seconde main.
- Des billets pour un spectacle.

Ajoute tes idées : ....

Notre addiction à la conso a aussi **une explication très scientifique**. Voici ce qui se passe dans ton corps quand tu fais du shopping.

BONNE NOUVELLE !

Tu peux produire de la dopamine gratis !

Il existe plein de façons de libérer de la dopamine sans surconsommer. Par exemple :

- Tomber amoureux.
- Faire un câlin à un chat ou à un chien.
- Prendre une douche froide.
- S'exposer au soleil.
- Écouter de la musique.
- Faire du sport.
- Recevoir un compliment… et donc agir pour le mériter !

BONNE NOUVELLE (BIS) !

Les antimatérialistes sont plus heureux

Selon le professeur en psychologie Tim Kasser, les recherches montrent que « plus les gens donnent de l'importance aux aspirations matérialistes, plus leur niveau de bonheur et de satisfaction de la vie est bas et moins ils éprouvent des émotions agréables jour après jour. La dépression, l'anxiété, la toxicomanie ont aussi tendance à être plus élevées chez les personnes qui valorisent la société de consommation. » Conclusion : moins tu consommes, plus tu es heureux·se !

LA TENDANCE EXTRÊME : UNE ANNÉE SANS ACHAT

C'est le *no-buy year* en anglais, une tendance qui fait son apparition sur les réseaux sociaux. Elle est un peu extrême… Alors tu n'es pas obligé·e de la suivre à la lettre, tu peux fixer tes propres règles, à commencer par la durée. Tu peux par exemple jouer à ce jeu pendant un mois, puis voir ce que ça change.

À TOI DE JOUER

Prends ton plus beau carnet, et commence par dresser la liste de tes motivations, par exemple :

- faire des économies
- passer moins de temps à faire du shopping
- protéger la planète

Réfléchis ensuite aux biens auxquels tu ne renonceras pas, par exemple :

- les sandwichs pour déjeuner avec tes amis
- ton abonnement à une salle de sport
- des vêtements seulement de seconde main
- des places de cinéma

Écris ensuite tout ce que tu t'engages à ne pas consommer, par exemple :

- des vêtements neufs
- de la viande
- du matériel électronique…

Tu connais sûrement ça. Tu craques pour un sweat-shirt ou une nouvelle enceinte. Mais l'objet tant convoité finit au fond d'un placard. Pour éviter ce gaspillage, **suis le mode d'emploi**.

Comprendre pourquoi tu craques

Le professeur en psychologie Tim Kasser a étudié la question et on lui fait confiance : il est spécialiste en matérialisme et en bonheur ! Selon lui :

- Normal que tu sois tenté·e, tu es bombardé·e de messages publicitaires affirmant que pour réussir sa vie et être heureux, il faut acheter de nouveaux produits. En prime, aux infos, beaucoup d'économistes et de politiciens répètent qu'il faut consommer pour participer à la croissance économique.
- Deux principes de base, validés par la science, te permettent de résister à ça :

1) On a tendance à acheter quand on manque de confiance en soi. Alors, la prochaine fois que tu as une descente d'estime de toi, si tu es tenté·e d'acheter des baskets pour compenser, cherche une autre stratégie : va voir des amis, fais du sport...

2) Les scientifiques montrent aussi que l'exposition aux médias favorise les valeurs matérialistes. Pour lutter contre ça, Tim Kasser propose d'utiliser un bloqueur de pub sur Internet (comme Adblock) et de couper le son quand des pubs passent à la télé ou sur YouTube.

À TOI DE JOUER !

Fais les comptes de tout ce que tu as dépensé en objets qui ne te servent pas : c'est un moyen efficace pour ne plus craquer.

ADOPTE LA MÉTHODE BISOU

Cette méthode, qui consiste en une série de questions à te poser avant d'acheter, a été inventée par Marie Duboin et Herveline Giraudeau[1].

B comme Besoin

À quel besoin cet achat répond-il chez moi?

Veux-tu des nouvelles chaussures parce que celles que tu as sont usées ou parce que tu te sens frustré·e pour une raison ou pour une autre (tes parents sont insupportables, tout le monde a ces chaussures au collège, etc.)?

I comme Immédiateté

Ai-je besoin de cet objet tout de suite?

Si la réponse est non, tu peux attendre une nuit, une semaine, et voir si tu as toujours envie d'acheter cet objet. Souvent, le désir qui nous paraissait s'imposer à un moment disparaît avec le temps.

S comme Semblable

Ai-je un objet semblable qui pourrait faire l'affaire?

Tu veux une nouvelle trousse? Il y en a peut-être une en réserve chez toi. C'est le moment de fouiller dans les tiroirs!

O comme Origine

Quelle est l'origine (et pas seulement géographique) de ce produit?

Il s'agit de réfléchir à l'histoire de l'objet et à son impact : qui l'a fabriqué et dans quelles conditions? Avec quelles matières premières? Etc.

U comme Utile

Cet objet va-t-il m'être utile?

Va-t-il te servir juste une fois (pas une bonne idée de l'acheter, donc) ou souvent? À quelle fréquence (tous les jours, une fois par mois...)?

(*) Marie Duboin et Herveline Giraudeau sont les autrices du livre *L'abus de consommation responsable rend heureux!* (éditions Eyrolles, 2020) et du groupe Facebook *Gestion budgétaire, entraide et minimalisme*, dont les membres partagent leurs astuces pour moins consommer.

Les professionnels de la publicité t'adorent.
Tu es un·e consommateur·rice en devenir
que beaucoup de marques veulent absolument séduire.

Tu as (souvent) ton propre argent

Depuis que tu es entrée·e au collège, tu as peut-être la chance de recevoir de l'argent de poche, ou tu gagnes quelques sous en faisant des petits boulots, ou en guise de cadeau.
Les marques savent qu'en dépensant cet argent, tu vas chercher à affirmer ta personnalité, en choisissant telle marque plutôt qu'une autre.
Elles s'adressent donc à toi directement, en créant un univers pour te plaire.

Tu as un « pouvoir de prescription »

Pour un tas de dépenses, tes parents vont tenir compte de ton avis. C'est ça, ton « pouvoir de prescription ». Les adolescents ont, en général, leur mot à dire sur les céréales du petit déjeuner, les gâteaux du goûter, les fournitures scolaires, les vêtements, etc. Même pour des dépenses comme les vacances ou une voiture, les publicitaires savent que tu peux avoir une influence sur tes parents.
Alors, ils s'adressent aussi à toi.

Tu es leur client·e de demain
Les marques misent sur toi. Elles savent que dans quelques années, tu gagneras ta vie. Elles font donc en sorte de te plaire dès ton plus jeune âge. Leur objectif, c'est qu'une fois devenu·e adulte, tu les considères comme faisant partie de ta vie, et que tu dépenses ton argent pour acheter leurs produits et pas ceux des autres.

LE SAIS-TU ?

Les fabricants de tabac te traquent
En France, il est interdit de vendre aux mineurs des cigarettes et des produits de vapotage (les cigarettes électroniques).

C'est pourtant une mesure trop peu respectée. Les industriels du tabac tendent des pièges aux jeunes :

- Ils ajoutent des arômes qui plaisent aux ados.

- Ils sponsorisent des évènements, des fêtes.

- Ils placent des produits et de la publicité à proximité des établissements scolaires.

- Ils inventent des cigarettes électroniques jetables et bon marché, comme la « puff » (aujourd'hui en voie d'interdiction), ils en font la promotion sur les réseaux sociaux, les habillent avec des emballages colorés.

L'objectif est que tu développes une addiction à la nicotine, mais aussi à l'inhalation de la fumée, au geste (les puffs peuvent être sans nicotine), pour te transformer en **client·e à vie**. Pour eux, qu'importe que la cigarette tue 8 millions de personnes par an dans le monde.

Tu es né·e à l'ère d'Internet. Tu es donc un.e *digital native*. Les écrans, le smartphone font pleinement partie de ta vie. **Ce qui arrange bien les publicitaires...**

Très tôt accros aux réseaux

L'usage des réseaux sociaux a beau être interdit en France avant 13 ans, 58 % des 11 et 12 ans ont un compte sur au moins un réseau social et 68 % des 11-18 ans*. Ta vie sur les réseaux sociaux échappe en grande majorité (voire complètement) à tes parents. Cela permet aux marques de s'adresser à toi sans aucun intermédiaire et en adaptant leur message à tes habitudes en ligne.

Le top 3 des usages en ligne

78 % discuter avec des amis ou de la famille
58 % regarder des vidéos
29 % jouer à des jeux vidéo

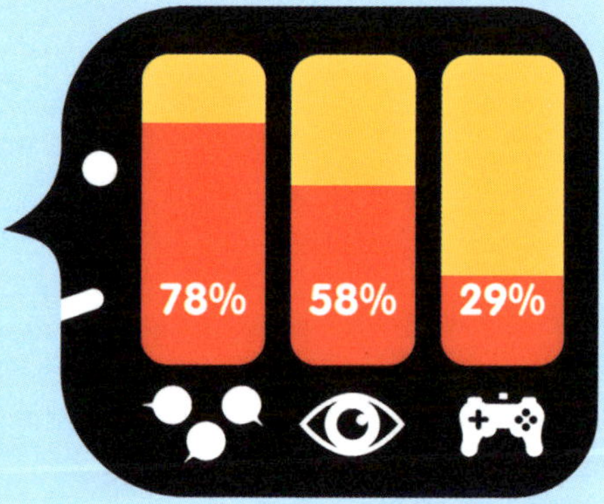

Les réseaux sociaux préférés des ados :

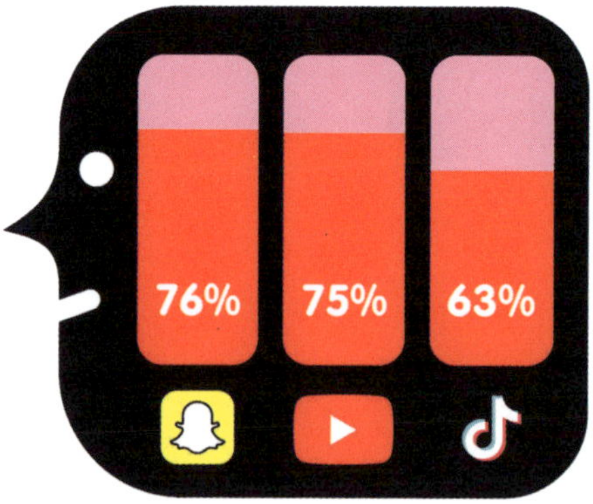

Chez les 11-14 ans :

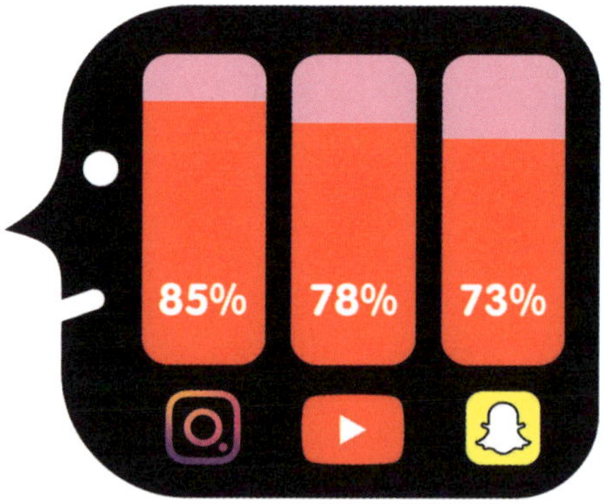

Chez les 15-18 ans

** Chiffres tirés de l'étude « Les pratiques numériques des jeunes de 11 à 18 ans », menée en 2022 par l'association Génération Numérique.*

TEST :

COMPTE LES RÉSEAUX SOCIAUX AUXQUELS TU ES ABONNÉ.E !

YouTube
(pour regarder des vidéos)
☐

TikTok
(pour partager des vidéos courtes)
☐

Snapchat
(pour partager des photos et des vidéos)
☐

Pinterest
(pour partager des images)
☐

Tumblr
(pour créer ton blog)
☐

Discord
(qui réunissait au départ des gamers)
☐

Spotify
(pour écouter de la musique)
☐

Twitch
(qui a commencé par la diffusion en direct de jeux vidéo)
☐

X (ex-Twitter)
(pour poster des micro-messages)
☐

Facebook
(l'un des réseaux sociaux les plus anciens)
☐

Azar
(pour discuter avec des inconnus du bout du monde)
☐

House Party
(pour jouer en visio avec tes amis)
☐

Dans ce test, il n'y a pas de bonnes ou de mauvaises réponses ! Mais si tu as moins de 13 ans, tu n'aurais dû cocher aucune case. Tu es trop jeune pour être exposé·e à toutes ces pubs… Et si tu as 13 ans et +, et que tu aies coché plus de 5 cases, tu es une cible ultra exposée – une proie pour les marques… Tu as vraiment envie de ça ?

SUIVI·E À LA TRACE

Chaque fois que tu likes, que tu postes une photo ou un message, que tu effectues un achat en ligne… tu laisses des traces. Elles sont collectées grâce aux fameux « cookies ». En utilisant toutes ces données (les datas), les programmes des sites et des applis sont capables de te proposer une publicité ultraciblée, qui va coller à tes goûts, à tes habitudes, à ton âge, à ton sexe, au lieu où tu habites, à tes activités sportives, à tes goûts musicaux… Ils savent tout de toi !

Sur le réseau social préféré des collégiens, tous les moyens sont bons pour **faire passer les messages de pub.** Snapchat a inventé toutes sortes de formes de pub et leur a même donné des noms spécifiques, *in english*. Apprends à les reconnaitre.

Simple image ou vidéo

Il s'agit d'une publicité plein écran qui contient un lien vers le site de la marque qui fait sa promo.

Collection Ad

Ad est la contraction d'*advertisement* (ce qui signifie publicité). L'expression *Collection Ad* désigne les 4 vignettes mettant en avant des produits, placées en bas de l'écran, et sur lesquelles tu peux cliquer pour acheter ces produits.

Story Ads

Il s'agit d'une série de 3 à 20 publicités, images ou vidéos, diffusées au milieu des stories.

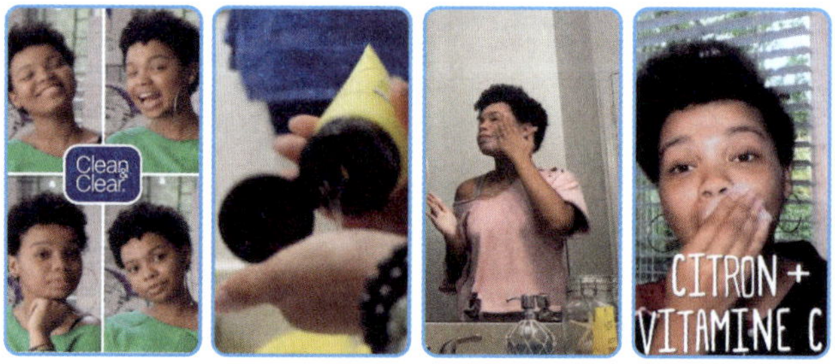

***Lenses* en réalité augmentée**

Lenses signifie objectifs d'appareil photo.
Ce sont des animations qui ajoutent des éléments imaginaires à des images réelles. Elles contiennent le logo ou le nom de la marque qui les sponsorise.

Commercials

Ces publicités vidéo durent entre 3 secondes et 3 minutes et tu ne peux pas les zapper pendant les six premières secondes.

Filtres

Le principe des filtres, tu connais : tu fais un selfie (un *snap*), tu *swipe* (fais glisser l'image) et on te propose de transformer ta photo avec des filtres amusants, créés par des marques, et qui incluent leur logo. Par exemple : ta photo avec un burger à l'intérieur d'une bulle pour dire que tu meurs d'envie d'en manger.

Mesure ta peur du manque

Avec les réseaux sociaux, une nouvelle maladie est apparue. Elle s'appelle FOMO, pour « *Fear Of Missing Out* » (la peur de rater quelque chose). Les stories en sont l'un des parfaits déclencheurs. Comme elles ont une durée de vie limitée (24 heures), tu as sans cesse envie de revenir vers ton smartphone et tu ne t'arrêtes pas de scroller, par peur de les rater. Ceux qui conçoivent les réseaux sociaux inventent ainsi des outils diaboliques pour capter ton temps et ton attention. C'est aussi pour ça que la pub adore ces médias.

À TOI DE JOUER

On est tous plus ou moins atteints de FOMO. À quel niveau situes-tu ta peur de rater des posts sur les réseaux ?

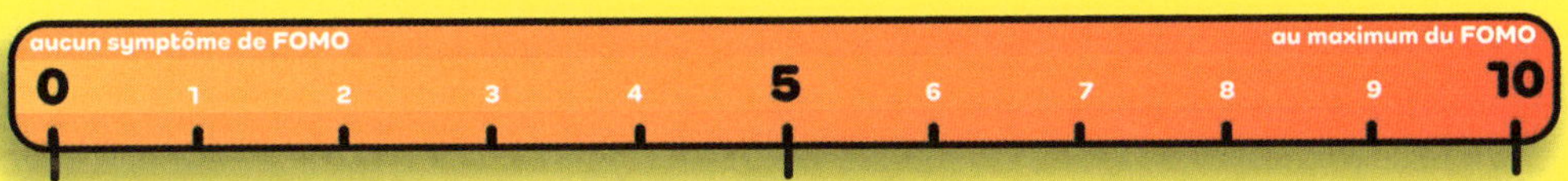

Je peux laisser mon téléphone loin de moi pendant plusieurs heures sans aucun souci !

J'arrive à quitter mon téléphone, mais je le regarde régulièrement.

J'ai toujours mon téléphone avec moi, et j'ai même du mal à m'endormir tellement je ne veux rien rater !

LE MARKETING,

Inciter les consommateurs à dégainer leur carte bleue est devenu presque un art. C'est une discipline à la fois ultracodée et ultracréative : le marketing.
Plonge dans son univers **pour être capable de lui résister.**

C'est quoi le marketing ?

Le marketing consiste :
1. À attirer les clients. 2. À les inciter à acheter. 3. À faire en sorte qu'ils soient satisfaits pour qu'ils achètent de nouveau.

C'est donc une activité qui existe depuis que les humains font du commerce, soit plusieurs millénaires !

Le marketing est devenu une discipline très formalisée au milieu des années 1950, aux États-Unis, d'où son nom anglais qu'on pourrait traduire par « l'art du marché ». Aujourd'hui, il va puiser aussi bien dans la psychologie (pour comprendre les consommateurs), dans l'économie (pour étudier le marché) que dans les arts (pour créer des pubs parfois sublimes).

C'est bien ou c'est mal ?

Tout dépend comment on utilise ces techniques de marketing et quels produits ou quels services on vend grâce à elles. Pour choisir consciemment ce qu'il désire et ce dont il a besoin, un·e consommateur·trice doit connaitre les règles de base de ce domaine complexe.

CE SONT DES MÉTHODES BIEN RÔDÉES !

Les quatre P

Les marques jouent sur quatre éléments pour bâtir un «plan marketing», c'est-à-dire une stratégie de vente. On les appelle les « 4 P » :

- ***Product*** (produit)
Il s'agit de définir précisément à quoi va ressembler le produit. Cela peut aussi être un service (la livraison de repas, par exemple).

- ***Price*** (prix)
Le prix de vente du produit est fixé en fonction des frais engagés pour sa production, mais d'autres critères aussi : le chiffre doit être suffisamment bas pour ne pas rebuter le consommateur. S'il est plus élevé que les produits concurrents, cela doit se justifier par une meilleure qualité, une fabrication en France, etc.

- ***Place*** (distribution)
Quel est le meilleur endroit pour vendre ce produit? Sur internet, sur un site dédié ou bien sur Amazon? Dans des petites boutiques, sur des marchés ou dans un supermarché?

- ***Promotion*** (communication)
Comment s'adresser aux consommateurs? En passant par les médias (magazines, télé, radio, affiches, pubs...) ou par une stratégie appelée « hors média » (en organisant des fêtes, par exemple)? Ou en faisant appel à une personnalité qui va incarner la marque?

À TOI DE JOUER

Choisis une publicité que tu aimes bien. Entre dans la peau d'un·e marketeur·teuse et essaie de reconstituer la stratégie 4P adoptée par la marque!

Les pros du marketing utilisent de nombreuses méthodes pour te donner envie d'un produit et te pousser à l'achat... En bref, pour te manipuler. Voici un dico **pour déjouer leurs pièges.**

Édition limitée !
« Attention, plus que quelques exemplaires ! » : quand tu vois cette phrase, tu te dis que tu risques de rater le T-shirt de tes rêves. Ça te fait le même effet pour une promotion à durée limitée (vite, tu achètes avant que le prix ne remonte).

Effet de contraste
Quand de petits objets pas chers sont présentés au milieu d'un océan de produits inabordables mais qui te font envie, ça te convainc d'acheter la petite pièce. Exemple : tu vas t'offrir le bonnet d'une marque de parkas hors de prix. Même si tu as déjà 3 bonnets !

Marketing sensoriel
De la musique pop et joyeuse dans un magasin de vêtements, une odeur de pain au chocolat diffusée dans la rue devant une boulangerie...
Les pros du marketing savent aussi manipuler ton odorat et ton ouïe.

Parcours unique
Si tu es déjà allé·e dans un magasin IKEA, tu sais de quoi il s'agit !
Ton parcours y est contraint. Même si tu viens pour acheter des coussins, tu dois passer par l'ensemble des rayons avant d'arriver aux caisses.
Au passage, tu es tenté·e d'acheter plein d'autres choses.

Placement de produits
C'est une pratique courante dans les films ou les séries pour nous donner envie de posséder les mêmes marques que nos héroïnes et héros préférés. La championne du genre est *Emily in Paris* (sur Netflix) ! Pas moins de 250 marques apparaissent dans la saison 3.

Sponsoring
Les marques adorent s'associer aux sports populaires. Par exemple, à la Coupe du monde de foot en 2022, au Qatar, on a pu voir sur les maillots des joueurs ou sur les bords des stades les logos d'une multitude de grandes marques.

COMMENT FABRIQUE-T-ON UNE CAMPAGNE DE PUB ?

Il en faut du monde pour communiquer autour d'un produit !

LES STRATÈGES

Directeur marketing

« Je définis les campagnes de promotion et je valide les orientations stratégiques. »

Chargée d'études

« Je m'assure que le produit répondra bien aux attentes des consommateurs. »

Responsable marketing digital

« Je décide de quelle manière on va vendre le produit sur Internet. »

Social media manager

« Je m'occupe de la présence de la marque sur les réseaux sociaux. »

LES CRÉATIFS

Directrice artistique

« Je dirige l'ensemble de la conception graphique et artistique d'un projet. »

Concepteur rédacteur

« Je rédige les messages publicitaires. »

Designer d'animation

« Je réalise des vidéos et des graphismes. »

LES COMMERCIAUX

Media planner

« Je choisis les médias les plus efficaces (radio, télé, presse, web, téléphonie mobile…) pour le public visé. »

Chef de publicité

« Je suis le chef d'orchestre qui coordonne la mise en œuvre de la campagne. »

Acheteur d'espaces publicitaires

« J'achète des espaces à la radio, à la télé, des encarts dans un magazine ou des pubs sur Internet. Et je les négocie au meilleur prix. »

Grâce à leur talent, les publicitaires sont capables d'accélérer la surconsommation (dommage), mais ils peuvent aussi nous inviter à la freiner ou encore défendre de bonnes causes. Mais parfois, **ils brouillent les pistes** : ils les utilisent pour promouvoir une marque. Essaie de te repérer dans tout ça !

À TOI DE JOUER

Pour chacune de ces campagnes de communication, donne 3 notes sur 10 :

1) CRÉATIVITÉ
Comment la trouves-tu d'un point de vue créatif ? Est-elle belle, innovante, percutante, drôle, etc. ?

2) UTILITÉ
Cette publicité nous encourage-t-elle à consommer mieux ? Défend-elle une cause qui te semble juste ?

3) SINCÉRITÉ
L'engagement de la marque te parait-il sincère ?

Burger King et les coups de soleil

Été 2022. L'enseigne de fast-food Burger King insère des tatouages éphémères dans ses menus « King Jr », en Belgique. Le message sur le tatouage ? « Grillé au feu, c'est meilleur. » Quand la peau est exposée au soleil, les rayons UV font apparaitre un message complémentaire : « Mais tu n'es pas un Whopper. Protège ta peau. » Burger King affirme lancer ainsi une campagne de sensibilisation sur les risques des coups de soleil.

Tes notes
CRÉATIVITÉ .../10
UTILITÉ .../10
SINCÉRITÉ .../10

À TOI DE JOUER

Surfrider Foundation et les microplastiques

14 février 2020, jour de la Saint-Valentin. L'ONG de défense des océans Surfrider Foundation lance une campagne à un moment qui est un pic de consommation des cosmétiques. L'objectif ? Dénoncer la présence massive dans ces produits de microplastiques polluant la mer.

Tes notes
CRÉATIVITÉ …/10
UTILITÉ …/10
SINCÉRITÉ …/10

Patagonia : « N'achetez pas cette veste ».

25 novembre 2011, jour du Black Friday. La marque de vêtements de sport de montagne et de surf Patagonia publie, dans le *New York Times*, aux États-Unis, une publicité montrant une veste polaire avec le message « N'achetez pas cette veste ». Et en dessous : « Regardez la veste R2 sur l'affiche, l'un des produits que l'on vend le mieux. Pour la concevoir, on a besoin de 135 litres d'eau, assez pour satisfaire les besoins quotidiens de 45 personnes. Son voyage, de ses origines comme polyester à 60 % recyclé jusqu'à notre entrepôt de Reno, génère 9 kilos de dioxyde de carbone. Il y a beaucoup de chose à faire pour notre bien-être. N'achetez pas ce dont vous n'avez pas besoin. »

Tes notes
CRÉATIVITÉ …/10
UTILITÉ …/10
SINCÉRITÉ …/10

Les chiffres de notre exposition à la publicité sont complètement fous ! Des pubs sur Internet ou dans la rue, au sponsoring, en passant par le placement de produits, une personne reçoit environ 15 000 stimuli commerciaux, chaque jour* ! **Un vrai matraquage.**

L'école, un lieu préservé de la pub ?

La pub est en principe interdite au sein de l'école. On n'a pas le droit d'y distribuer des tracts ni d'y coller des affiches publicitaires. Mais il y a une brèche dans cette interdiction et certaines marques s'y engouffrent. Les partenariats entre des entreprises et l'école sont autorisés depuis 2001, s'ils sont liés aux programmes scolaires par exemple.

Alors oui, il y a de la publicité à l'école ! Elle prend la forme, par exemple, de kits pédagogiques sur la puberté édités par des marques de protections hygiéniques (qui accolent leur logo dessus, bien sûr) ou de petits manuels sur l'éducation au goût proposés par des marques alimentaires.

LES REVENDICATIONS D'ASSOCIATIONS POUR LIMITER LA PUB

En 2020, dans un rapport baptisé « Big Corpo »**, une vingtaine d'associations écolos ont réclamé notamment les limitations suivantes :

- L'interdiction des écrans publicitaires (agressifs et énergivores).
- La création d'« espaces sanctuarisés », où la pub serait interdite.
- L'interdiction de la publicité pour certaines activités et produits très polluants :

les SUV (ces voitures dont les émissions de CO_2 plombent notre bilan carbone), les voyages en avion pour des vols courts, les bouteilles d'eau en plastique jetables, les smartphones que 88 % des Français changent alors qu'ils fonctionnent encore…

Et toi ? As-tu d'autres revendications ? Si ce sujet t'intéresse, n'hésite pas à contacter les ONG citées dans cette page.

** Rapport « Publicité, pour une loi Évin Climat », publié en juin 2020 par Greenpeace France, le Réseau Action Climat et Résistance à l'agression publicitaire (RAP).*

*** « Big Corpo. Encadrer la pub et l'influence des multinationales : un impératif écologique et démocratique », juin 2020, rapport coordonné par les Amis de la Terre France, Résistance à l'agression publicitaire (RAP) et Communication sans frontières (CSF).*

À TOI DE JOUER

Déniche les 12 endroits qui diffusent de la pub sur cette image.

En français, on dit « écoblanchiment ». Plus la crise écologique s'aggrave, plus les marques y vont à fond **dans la communication verte.** Sont-elles toutes devenues des championnes de l'écologie ? Ou font-elles semblant de l'être ?

Les règles

En matière d'écologie, les marques n'ont pas le droit de dire n'importe quoi. L'Autorité de régulation professionnelle de la publicité (ARPP) a même édicté en 2008 des règles très précises liées au développement durable. **Il est interdit :**

- De montrer des comportements non écocitoyens (pas le droit d'inciter au gaspillage, par exemple).
- D'avancer des arguments écolos sans en donner la preuve.
- De prétendre à des qualités écolos excessives (aucun produit n'est « respectueux de l'environnement », ni « biodégradable » ou ne « protège la planète » : ces trois mentions sont d'ailleurs interdites par la loi depuis le 1er janvier 2023).
- De manquer de précision (en affirmant par exemple qu'une voiture électrique n'émet pas de CO_2 sans mentionner que cela concerne seulement la phase du roulage, car sa fabrication ou sa fin de vie dégagent du CO_2).
- D'abuser de signes écolos (la couleur verte, des feuilles, des arbres…) pour un produit qui a un impact sur l'environnement.

Ces règles sont-elles respectées ?

Le *greenwashing* est malheureusement une pratique très répandue. En 2020, la Commission européenne a analysé 150 allégations apparaissant sur des emballages ou dans des publicités. Ce sont les petites phrases du genre « zéro carbone », « bon pour le climat », « avec des matériaux recyclés »… Dans 53 % des cas, elles étaient, selon la Commission, « vagues, trompeuses ou non étayées » et sans aucun fondement pour 40 % d'entre elles.

À TOI DE JOUER

Apprends à débusquer le *greenwashing*. Tu peux signaler au Jury de déontologie publicitaire (JDP) les publicités qui ne respectent pas les règles en te rendant sur son site.

Voilà des exemples de pubs condamnées par le JDP.
D'après toi, pourquoi ont-elles été condamnées ?

1. IKKS et la marinière qui nettoie les océans

a) Il y a trop de bleu.

b) La pub sous-entend qu'en achetant le produit, tu dépollues, alors que c'est évidemment faux. Aucun produit n'est capable d'un tel exploit.

c) Une marinière qui nettoie les océans ne peut pas rester si propre, elle doit être pleine de taches.

3. Etam « engagés pour une mode responsable »

a) La pub utilise un slogan beaucoup trop flou et non justifié par des arguments précis.

b) On n'en peut plus du cliché de la jeune femme blonde, mince, sur une plage avec des palmiers.

c) « wecare » est un anglicisme.

2. DS4 sur une plage

a) La tenue de la mannequin n'est pas écoresponsable.

b) Il y a trop de gris dans cette image pour que ça puisse être une pub écolo.

c) La pub montre une voiture dans un environnement naturel, et c'est interdit. Par ailleurs, on ne doit pas associer un produit ou une activité polluante à un élément de la nature (une cascade et un puits de pétrole, par exemple).

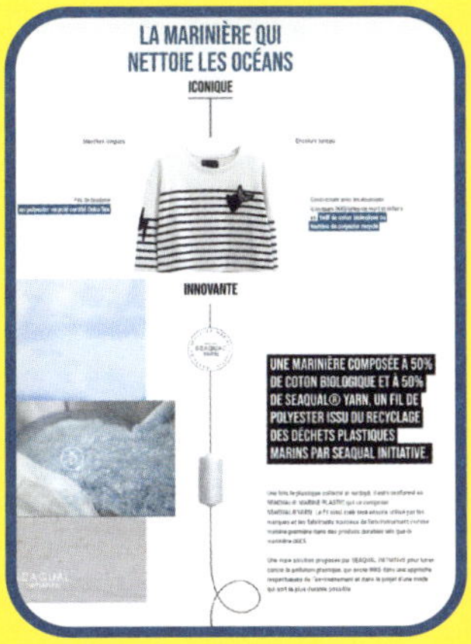

1

2

3

Réponses : 1. b) 2. c) 3. a)

Est-ce une nouvelle maladie? En quelque sorte. On appelle « obsolescence programmée » l'ensemble des stratégies développées par les industriels pour réduire la durée de vie des produits et **nous pousser à en acheter de nouveaux.**

À quoi ressemble cette « maladie »?
L'association Halte à l'obsolescence programmée, qui lutte contre le phénomène, distingue trois variantes :

1) L'obsolescence technique
L'objet cesse de fonctionner parce que l'un de ses composants est cassé, qu'on ne peut pas le remplacer ou qu'il n'existe pas de pièce de rechange sur le marché. Parfois encore, la réparation est possible, mais elle coûte plus cher que l'achat d'un appareil neuf. C'est le cas, par exemple, d'une machine à laver dont la puce électronique ne fonctionne plus.

2) L'obsolescence esthétique ou marketing
L'objet fonctionne toujours, mais il est présenté comme démodé par la publicité. La *fast fashion* utilise abondamment cette forme d'obsolescence, mais cela arrive aussi quand une nouvelle version de smartphone sort avec un meilleur appareil photo, une plus grande mémoire que le tien.

3) L'obsolescence logicielle
Elle concerne les smartphones, les ordinateurs et tous les objets connectés. Elle prend la forme d'une nouvelle version de logiciel incompatible avec les capacités de l'appareil existant, ou encore d'une mise à jour obligatoire mais trop lourde, et qui fait ramer l'appareil ou cause des bugs.

Quels sont ses symptômes ?

Les trois variantes de cette « maladie » ont des symptômes en commun :

- Tu te sens frustré·e quand ton objet ne fonctionne plus ou est démodé.
- Cette frustration te pousse à la consommation.
- Tu perds de l'argent.
- Les ressources de la planète s'épuisent à force d'être extraites pour fabriquer de nouveaux objets.
- Les déchets liés à la mise au rebut d'objets augmentent dramatiquement.

Avec l'obsolescence technique et logicielle, tu peux, en plus, te sentir en colère. Tu avais prévu de faire durer ton appareil, et malgré tes efforts, te voilà obligé·e d'en acheter un autre...

Y a-t-il des remèdes ?

Pour guérir de cette « maladie », il n'existe pas de remède miracle. Il faut mettre en place des actions précises.

- En 2015, une loi française a créé un délit d'obsolescence programmée. Une première mondiale ! Ce délit peut être sanctionné par 2 ans d'emprisonnement et 300 000 € d'amende. Cette nouvelle loi n'a malheureusement donné lieu à aucune condamnation jusque-là.
- Avant d'acheter un nouveau produit, on peut aussi résister à la tentation !

Comment prévenir cette « maladie » ?

Des solutions, il en existe plusieurs : choisir des objets durables et réparables, inventer un nouveau modèle de production et de société qui privilégie la location d'objets et les technologies simples, notamment.

La bataille contre les imprimantes à durée de vie super limitée

Plusieurs associations reprochent aux fabricants d'imprimantes d'être des champions de l'obsolescence programmée.

L'association HOP a porté plainte en 2017 contre le fabricant Epson*, reprochant notamment à ses imprimantes de signaler comme vides des cartouches qui ne le sont pas et contiennent encore 20 à 40 % d'encre.

** Affaire toujours en cours au moment où nous imprimons ce livre.*

Ils mettent en scène leur vie sur les réseaux et font au passage de la promo pour des marques de mode, de cosmétiques, de produits high-tech, etc. On compte 150 000 influenceurs en France. Mode d'emploi pour les suivre sans les subir.

Décrypte leurs super pouvoirs marketing

Leur profession est très récente (quelques années à peine), mais leur pouvoir ne cesse d'augmenter. Les influenceurs ont généré 1,7 milliard de dollars en 2016, 16,4 en 2022 et 21,1 en 2023 ! Ils jouent la carte de la complicité avec leurs abonnés et ça les rend super efficaces pour leur suggérer d'acheter des produits. Les marques les adorent.

Connais leurs obligations

Ils doivent respecter les règles qui s'appliquent aux publicités : indiquer si leur post est payé par une marque (on voit parfois la mention « partenariat rémunéré »). Et surtout :

NE PAS FAIRE DE PUBLICITÉ POUR LE TABAC, L'ALCOOL OU LES MÉDICAMENTS.

Méfie-toi de leurs fraudes

La Direction générale de la concurrence, de la consommation et de la répression des fraudes (DGCCRF) a surveillé une soixantaine d'influenceurs en 2021 et 2022 : 60 % d'entre eux ne respectaient pas la réglementation sur la publicité et les droits des consommateurs ! La faute la plus courante ? Ne pas préciser qu'ils sont payés pour vanter les mérites d'un produit.

Prends conscience de leur impact carbone

Le collectif Paye ton influence a fait le calcul. Un influenceur avec 3 millions d'abonnés a une empreinte carbone annuelle de 1 072 tonnes de CO_2, soit 481 allers-retours Paris-New York. Pourquoi un si lourd bilan ? Les posts sous forme de vidéos, d'images et de *stories* sont stockés dans des *datas centers*, ils circulent via des réseaux et arrivent sur nos smartphones ou nos ordis. Tout ça fonctionne avec de l'électricité qui dégage du CO_2. Et c'est sans compter l'impact des produits achetés par leurs abonnés qui ont suivi leurs recommandations, ni les fréquents voyages en avion des influenceurs !

Réalise que vous n'avez pas les mêmes valeurs

Avec leurs mises en scène, les influenceurs font la promo d'un monde insoutenable, en nous donnant l'illusion que consommer, c'est la clé du bonheur et du succès. As-tu vraiment envie de leur ressembler?

Squeezie @xsqueezie,
8,2 millions d'abonnés.
Est rémunéré pour suggérer à ses abonnés d'acheter à profusion certaines marques, comme de nombreux influenceurs.

Kylie Jenner @kyliejenner,
386 millions d'abonnés.
Prend souvent la pose avec son jet privé à l'impact carbone désastreux.

Iris Mittenaere @irismittenaeremf,
3,1 millions d'abonnés.
Veut nous laisser penser que le bonheur, c'est vivre comme elle (et comme beaucoup d'autres influenceurs) en s'installant ou en passant beaucoup de temps à Dubaï (un paradis fiscal, temple de la surconsommation).

Suis les bonnes idées de @payetoninfluence

Pour ce collectif, « les influenceurs font partie de la solution ». S'ils se mettent à utiliser leur pouvoir pour nous informer sur les enjeux écologiques et nous conseiller des produits et des modes de vie durables, ça peut changer la donne. Va voir sur le compte Instagram du collectif pour découvrir toutes leurs super idées !

Il y a ce petit objet, là devant toi. Et puis, il y a **tout ce que tu ne vois pas.** Les matières premières dont il est fait et qui ont été extraites de la terre quelque part, les usines qui ont fabriqué les différents composants… Quand on réfléchit à tout ça, le petit objet prend un poids considérable.

L'addition qui fait mal

Télé, canapé, vêtements, four, aspirateur, armoire, etc.
En moyenne, nos maisons abritent 2,5 tonnes d'objets*.
C'est le poids d'un gros hippopotame.

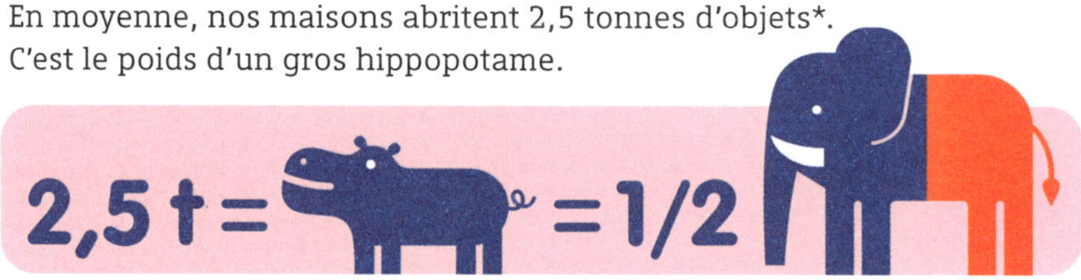

Et si on prenait en compte les matériaux qui ont été mobilisés depuis l'extraction des matières premières jusqu'à la fabrication du produit fini ? Comptons les métaux (en incluant les roches et les sols déplacés dans les mines), le pétrole (pour fabriquer du plastique, des produits chimiques ou pour générer de l'électricité), le charbon (pour créer de l'énergie). Comptons aussi le bois, les produits issus de l'agriculture (le caoutchouc, le coton…). L'addition s'alourdit d'un coup.

Si on cumule tout ça, les objets de notre foyer pèsent 18 fois plus ! Il a fallu 45 tonnes de matières premières pour les fabriquer, soit le poids de 8 gros éléphants, ou de 18 hippopotames. Et le CO_2 émis pendant toutes ces opérations ? 6 tonnes, soit 6 allers-retours Paris-New York.

** Selon l'Ademe, l'Agence de la transition écologique.*

À TOI DE JOUER

Fais les comptes !

Si on leur pose la question, les Français pensent qu'ils ont environ 34 équipements électriques et électroniques chez eux. En réalité... ils en ont, en moyenne, 99 ! Dont 6 qui ne sont jamais utilisés. Et si tu faisais les comptes, chez toi ?
Tu peux classer le tout en 3 colonnes :

- Nombre total d'équipements électriques et électroniques.
- Ceux qui ne servent jamais.
- Ceux qui servent moins d'une fois par an.

Le poids caché de tes objets

Un smartphone
(dont l'écran fait plus de 5,5 pouces)

- **Poids dans ta main : 300 g**
- Il contient 9 % d'acier, 14 % d'aluminium, 12 % de cuivre, 1 % d'autres métaux, 20 % de verre, 37 % de plastique, 7 % de fibres carbone.
- Pour récolter quelques grammes des métaux nécessaires à la fabrication de la puce qu'il renferme, il faut excaver 200 kg de matières (la terre et la roche de la mine).
- Jusqu'à 50 métaux différents sont présents dans un smartphone. Certains sont précieux (or, argent), d'autres sont des métaux rares (tantale, cobalt, lithium...).
- **Poids caché : 221 kg (736 fois plus !)**

Des baskets

- **Poids à tes pieds : 900 g**
- Elles contiennent : 65 % de plastique, 30 % de fibres textiles synthétiques, 2 % de caoutchouc naturel, 3 % de substances chimiques.
- L'essentiel des plastiques et fibres synthétiques vient du pétrole.
- Avant de devenir une matière plastique ou une fibre, le pétrole doit être extrait du sol (ce qui demande de l'énergie), transporté, puis raffiné pour en séparer les différents composants. L'un d'entre eux, le naphta, est chauffé à 800 °C pour devenir du plastique. On lui ajoute des additifs pour obtenir différentes matières.
- **Poids caché : 21 kg**

Les experts du climat, de la biodiversité, des forêts, de notre santé… Tous le disent : **il faut limiter notre consommation de produits animaux.** Il existe (au moins) cinq bonnes raisons de réduire la viande et les produits laitiers dans ton assiette. Alors, tu t'y mets ?

Pour limiter ton empreinte carbone

L'élevage pèse pour 14,5 % des émissions mondiales de gaz à effet de serre, selon la FAO (Organisation des Nations unies pour l'alimentation et l'agriculture). Les ruminants (bovins, moutons, chèvres) sont particulièrement responsables de cette situation. Ils émettent du méthane, un puissant gaz à effet de serre, pendant leur digestion.

Pour préserver les forêts

L'Union européenne a importé 42 millions de tonnes de soja en provenance d'Amérique du Sud en 2019. Les trois quarts de ce soja étaient destinés à nourrir nos animaux d'élevage. Pour cultiver ce soja, la forêt amazonienne au Brésil et la forêt du Gran Chaco, en Argentine, en Bolivie et au Paraguay sont détruites.

Pour limiter la maltraitante animale

En 2018, 72 milliards d'animaux ont été abattus dans le monde*, dont 1,2 milliard en France. Sans compter les poissons. Et, dans l'Hexagone, 8 animaux sur 10 vivent dans des élevages intensifs, enfermés dans des cages.

Pour une santé au top

L'excès de viande rouge provoque des cancers, de la prise de poids, du diabète de type 2 et des maladies cardiovasculaires. Le Programme national nutrition santé (PNNS) recommande d'en limiter la consommation à 500 grammes par semaine. Selon l'Académie de nutrition et de diététique (une association internationale de nutritionnistes), « un régime végétarien [incluant le lait et les œufs] bien conçu procure les apports nutritionnels adéquats à tous les stades de la vie ». Attention, fais-toi bien accompagner si tu décides de modifier ton alimentation. En effet, les régimes véganes et certains régimes végétariens nécessitent une supplémentation.

Parce que c'est indispensable

Pour que notre consommation de viande devienne soutenable, l'ONG Greenpeace estime que les habitants des pays occidentaux doivent la diminuer de 80 %. Un Européen consommant en moyenne 80 kg de viande par an devrait donc passer à 16 kg, soit environ 300 grammes par semaine (ce qui correspond à deux burgers). C'est possible !

TEST

Connais-tu les astuces pour se passer de viande ?

1. On ne trouve pas des protéines seulement dans la viande. Quels végétaux en sont riches ?

a) La salade verte

b) Les céréales

c) Les carottes

d) Les légumes secs

e) Les graines oléagineuses (soja, noix, amandes, sésame…)

2. La viande est riche en fer, mais on en trouve aussi dans les végétaux. Avec lesquels faire le plein de fer ?

a) Les épinards

b) Les algues

c) Le chocolat noir

d) La purée de sésame

e) Les bananes

3. Par quoi remplacer la viande dans la sauce bolognaise des spaghettis ?

a) Des lentilles

b) Des brocolis

c) Du tofu émietté et sauté à la poêle avec de la sauce soja

4. Comment faire un bon burger végétarien ?

a) C'est impossible !

b) En mixant des pois chiches, du pain rassis, des champignons de Paris, des oignons, du curry et du persil

c) En écrasant des haricots rouges avec de la fécule de maïs, de la sauce soja, de la chapelure, de l'ail

Réponses :
1. b) d) e) / 2. b) c) d) contrairement à ce qu'on dit souvent, les épinards ne sont pas très riches en fer. / 3 a) c) / 4. b) et c)

MONDIALISATION :

Avant d'arriver jusqu'à nous, certains produits ont fait **plusieurs fois le tour du monde** pendant leur fabrication. Des journalistes britanniques ont fait le calcul pour un jean acheté dans l'est de l'Angleterre*. Résultat : 65 000 km parcourus !

A. Ras Jebel, en Tunisie
Assemblage final des différents composants du jean.

B. Milan, en Italie
La toile du jean est filée, tissée et teintée en indigo synthétique.

C. Allemagne
• Fabrication de l'indigo synthétique qui sert à teindre la toile en bleu à Francfort.
• Fabrication des boutons et rivets en laiton (alliage de zinc et de cuivre).

D. Turquie
• Extraction de la pierre ponce qui sert à délaver le jean.
• Fabrication d'une partie du fil pour les coutures avec le polyester venant du Japon.

E. Bénin
Culture d'une partie du coton formant la toile du jean.

F. Corée du Sud
Culture d'une partie du coton formant la toile du jean.

G. Pakistan
Culture d'une partie du coton formant la toile du jean.

H. Japon
• Fabrication du polyester, à partir de pétrole, ce qui servira à fabriquer le fil pour les coutures.
• Fabrication des dents de la fermeture Éclair, avec du laiton (alliage de zinc et de cuivre).

I. Irlande du Nord
Fabrication d'une partie du fil pour les coutures avec le polyester venant du Japon.

J. Hongrie
Fabrication d'une partie du fil pour les coutures avec le polyester venant du Japon.

K. Espagne
Teinture du fil en polyester fabriqué en Hongrie, Turquie et Irlande du Nord.

L. France
Fabrication de la bande en polyester de la fermeture Éclair.

M. Australie
Extraction d'une partie du zinc et du cuivre servant à faire les dents de la fermeture Éclair, les rivets et des boutons.

N. Namibie
Extraction d'une partie du zinc et du cuivre servant à faire les dents de la fermeture Éclair, les rivets et des boutons.

O. Ipswich, au Royaume-Uni
Lieu de vente du jean.

* *« 100 % COTON, 100 % GLOBAL. Le tour du monde d'un jean »,* The Guardian, *juillet 2011.*

Plus on est riche, plus on consomme (on dépense de l'énergie dans sa maison, on prend l'avion, on roule dans des voitures puissantes, on achète des objets high-tech en nombre, etc.) et plus on a d'impact. Or **les inégalités se creusent partout.**

En Europe

Ici, tu vois les émissions carbone pour un an d'une personne considérée comme pauvre (qui appartient aux 50 % de la population qui a les revenus les plus faibles).

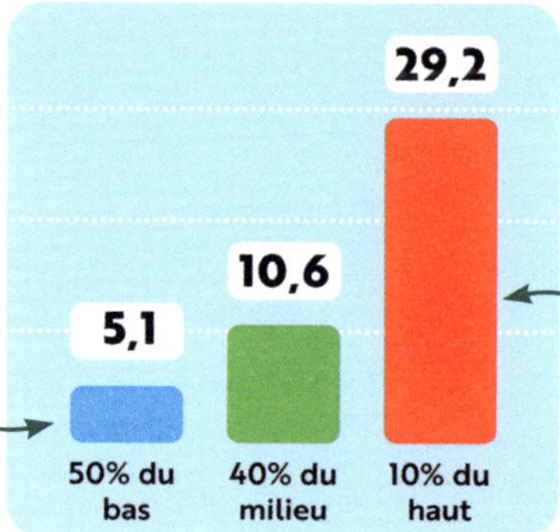

Et là, tu vois les émissions carbone pour un an d'une personne considérée comme riche (qui appartient aux 10 % de la population qui a les revenus les plus hauts).

Là, tu vois les émissions carbone pour un an d'une personne appartenant à la classe moyenne.

Pas besoin d'être champion·ne de mathématiques pour s'apercevoir que :
- Une personne de la classe moyenne a un impact deux fois plus grand qu'une personne pauvre.
- Une personne riche a un impact trois fois plus grand qu'une personne de la classe moyenne, et six fois plus grand qu'une personne pauvre.

Et ailleurs dans le monde ?

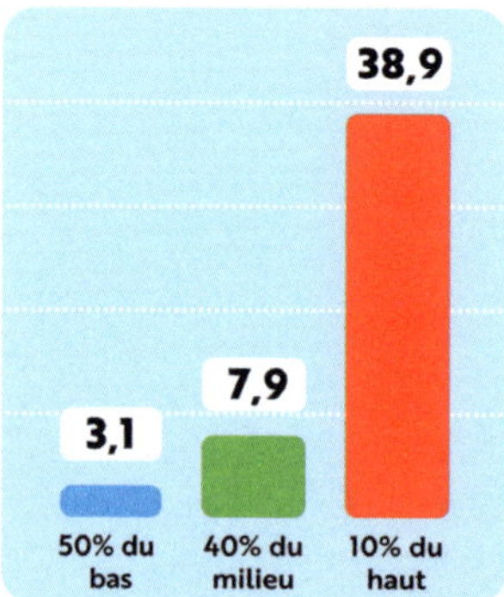

Asie de l'Est

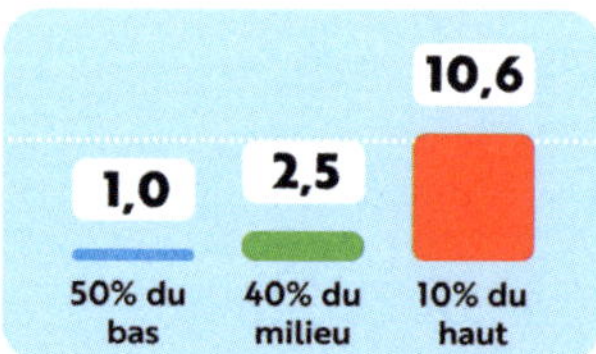

Asie du Sud et du Sud-Est

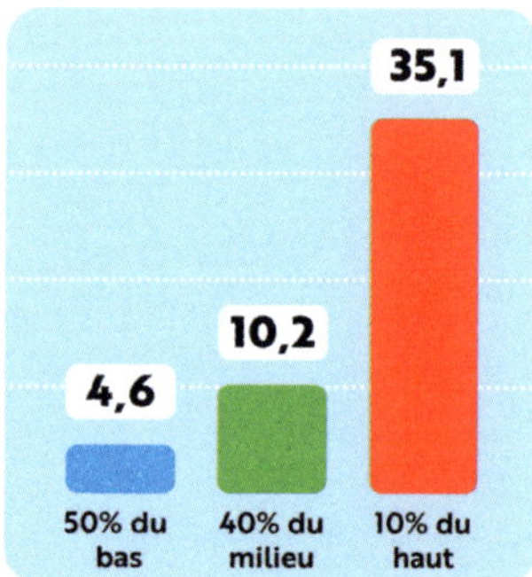

Russie et Asie centrale

Et ailleurs dans le monde ?

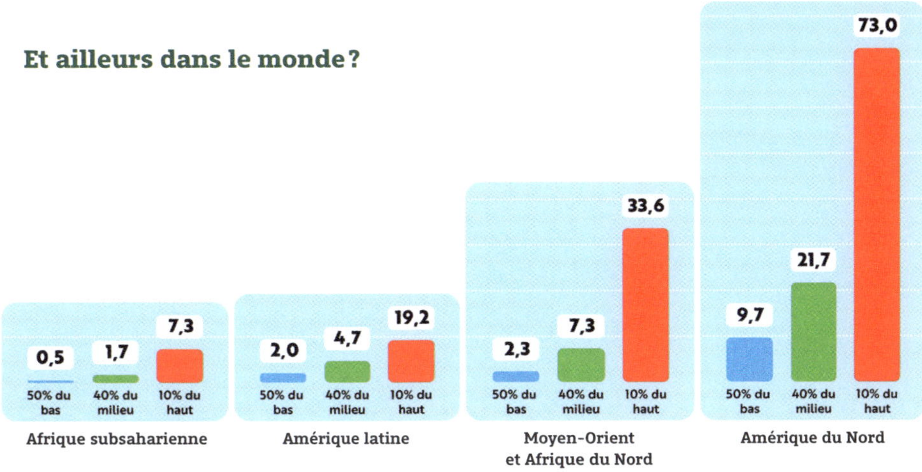

C'est pareil dans toutes les régions du monde : les plus riches ont beaucoup plus d'impact.
Avec des nuances. Si tu observes bien, tu verras que les plus riches d'Asie du Sud-Est ont à peu près le même impact que la classe moyenne en Europe ou que les plus pauvres en Amérique du Nord, par exemple.

LA SOLUTION ?

Les économistes qui ont publié ces chiffres proposent de taxer les plus riches. Cela aurait deux effets bénéfiques : lutter contre le réchauffement climatique et réduire la pauvreté.

* Source : Laboratoire sur les inégalités mondiales (World Inequality Lab), Climate Inequality Report 2023.

Notre consommation ici, des impacts là-bas
Les populations pauvres des pays en voie de développement sont celles qui participent le moins à la surconsommation… et celles qui en souffrent le plus. Un exemple parmi tant d'autres ? Le Ghana, en Afrique, est devenu l'une des principales poubelles de déchets électroniques dans le monde. Autour de 600 conteneurs remplis de vieux ordis, téléphones, etc. y débarquent chaque mois. En plein cœur de la capitale, Accra, la décharge d'Agbogbloshie couvre l'équivalent de 11 terrains de football. Elle pollue la rivière Densu voisine et nuit à la santé des enfants qui la parcourent en quête de ressources à vendre.

Ça ressemble à de la magie. On tapote un écran avec le doigt et toute la musique du monde est à notre disposition. On clique et les vidéos défilent sans fin… En réalité, le numérique, **c'est aussi une industrie,** et tout ce virtuel consomme énormément de ressources et de CO_2.

Pour faire marcher Internet, il faut…

Des mines pour extraire les métaux nécessaires aux appareils.

Des datas center qui stockent les données (plus de 250 en France).

24 satellites pour la localisation par GPS.

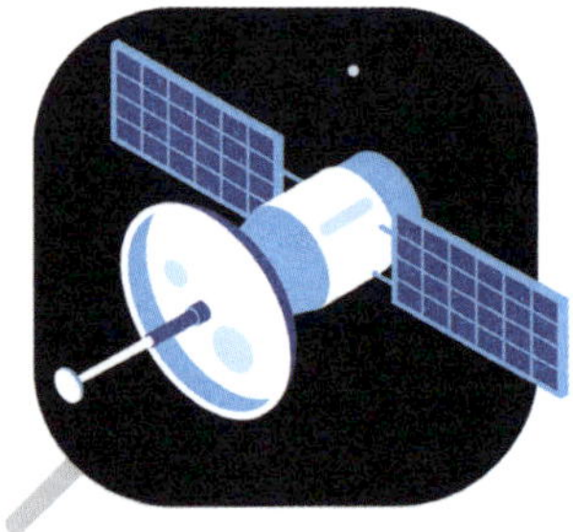

Des câbles (99 % du trafic internet mondial passe par 486 câbles sous-marins longs de 1,3 million de kilomètres, soit 33 fois le tour de la Terre).

Des usines pour assembler smartphones, ordinateurs, tablettes…

Des centrales pour fabriquer de l'électricité.

Des usines pour fabriquer les composants (circuits électroniques, écrans, batteries, etc.).

Des raffineries pour transformer le pétrole en plastique.

QUIZ

1. Combien de smartphones ont été vendus dans le monde depuis 2007 (date du lancement du premier d'entre eux, l'iPhone) ?

a) 3 milliards.
b) 5 milliards.
c) Plus de 10 milliards.

2. Combien de tours du monde ton smartphone a-t-il accompli avant d'arriver dans tes mains, sachant qu'un smartphone est le plus souvent conçu aux États-Unis, avec des matières premières extraites en Asie du Sud-Est, en Australie, en Afrique centrale et en Amérique du Sud, que ses principaux composants sont fabriqués en Asie, aux États-Unis et en Europe et que l'assemblage a lieu en Asie du Sud-Est ?

a) 1.
b) 4.
c) 10.

3. Quel est l'impact carbone du visionnage d'une série de 10 heures, en streaming, en haute définition et en wifi ?

a) 0,01 kg de CO_2, ce qui équivaut à 2,3 km en voiture.
b) 0,3 kg de CO_2, soit 69 km en voiture.
c) 1 kg de CO_2, soit 230 km en voiture.

4. Et si tu regardes la même série en 4G sur ton smartphone ?

a) Ça consomme moins d'électricité, donc l'impact est moindre.
b) C'est équivalent.
c) L'impact est presque trois fois plus grand à cause de la consommation d'électricité.

Réponses : 1. c) 2. b) 3. b) 4. c)

Échapper à la surconsommation est un patient travail de changement d'habitudes. Personne ne te demande d'être parfait·e ! Tu verras : consommer responsable, **ça rend plus libre et heureux·se.** Mais comment avancer?

Fais avec ce que tu as déjà

Une envie d'acheter surgit? Fouille dans tes placards pour voir si tu trouves ton bonheur. Cette méthode est super efficace dans le domaine des vêtements. C'est fou, tous ces trésors oubliés qui dorment au fond d'une penderie ! Faire avec, ça veut dire aussi changer les boutons d'une veste pour lui donner un air neuf, transformer un pantalon en short... Bref, avoir recours à ta créativité !

TU PEUX LE FAIRE !

Des élastiques dans un vieux collant

Découpe en sections de 20 cm environ un vieux collant en Nylon. Tu obtiendras des élastiques pour les cheveux très solides (ou pour attacher tout ce que tu veux).

Fais durer tes objets

Nos objets méritent qu'on leur accorde de la valeur et donc qu'on les bichonne pour leur offrir une longue et belle vie.

TU PEUX LE FAIRE !

Prolonge la vie de ton smartphone

- Évite de charger la batterie à 100 % ou de la décharger complètement.
- Si le système d'exploitation ralentit, fais le ménage dans tes applis, tes fichiers...
- Épargne-lui les températures extrêmes (chaudes et froides).

Fais-le toi-même
Prendre le temps de fabriquer, cuisiner, coudre, bricoler au lieu d'acheter procure, à coup sûr, une immense satisfaction. Lance-toi !

TU PEUX LE FAIRE !

Lanterne magique
Besoin d'une lanterne pour bivouaquer à la belle étoile ou pour le fond du jardin (ou pour épater la galerie) ? Trouve un bidon (ou une bouteille) en plastique (ou en verre). Remplis-le d'eau et entoure-le d'une lampe frontale, en dirigeant la lumière vers l'intérieur du bidon, qui va diffuser les rayons lumineux. Tu peux aussi utiliser la lampe torche de ton smartphone en la plaçant simplement contre le bidon.

Emprunte ou loue
Toc, toc, cher voisin, tu peux me prêter ton appareil à raclette, s'il te plait ? Emprunter, c'est souvent aussi simple que ça et c'est gratuit ! Tu peux aussi louer, en cherchant ton bonheur, par exemple, sur le site allovoisins.com. Le top, c'est d'avoir près de chez soi une bibliothèque d'objets, qui loue pour pas grand-chose à peu près tout. Il y en a 13 en France (objetheque-lereseau.fr).

TU PEUX LE FAIRE !

Jeux à gogo
Une ludothèque, c'est comme une bibliothèque mais pour les jeux (et pour tous les âges). On en compte plus de 1 200 en France ! Si tu veux par exemple tester les derniers jeux de plateaux en vogue, c'est fait pour toi.

Achète du seconde main

Acheter d'occasion a tout bon : on fait la plupart du temps des économies et on évite la production de neuf.

TU PEUX LE FAIRE !

Pour le sport aussi

Dans les recycleries sportives (il y en a 9 en France), tu trouves du matériel sportif d'occasion remis à neuf. Ils vendent aussi leurs trésors de seconde main sur Internet.

Achète durable

Tu as fait le tour des options alternatives avant d'acheter? Dans ce cas, choisis un objet neuf, mais qui sera capable de t'accompagner longtemps. Plein de conseils sont à piocher sur le site produitsdurables.fr.

TU PEUX LE FAIRE !

Choisis le meilleur ordinateur possible

- Consulte le baromètre du service après-vente (SAV) Fnac Darty, qui note les marques en fonction de leur fiabilité et de leur réparabilité.
- Choisis un ordinateur plus puissant que nécessaire (avec un bon processeur, suffisamment de mémoire…) pour que l'appareil satisfasse encore tes besoins dans quelques années.

Mange aussi responsable

Quand il s'agit de se régaler, préfère autant que possible le bio, le local, les produits de saison, équitables et faits maison. Oui, ça fait beaucoup à la fois, mais c'est une direction à prendre, pas une obligation stricte !

TU PEUX LE FAIRE !

Pâte à tartiner maison

Mixe dans un robot : 240 g de pois chiches cuits (oui, oui !), 1 grosse cuillère à soupe de purée de noisette (ou d'huile de noisette), 3 cuillères à soupe de sirop d'érable (ou de sucre, moins cher), 3 cuillères à soupe de poudre de cacao sans sucre. Ajoute du lait végétal ou même de l'eau si tu veux fluidifier. Conserve quelques jours au frigo et régale-toi !

Donne une seconde vie
Si tes objets sont vraiment en bout de course, recycle-les : tourne-toi vers ta mairie pour connaitre les consignes de tri de ta commune. Mais si tu n'en veux plus, et qu'ils peuvent encore servir, donne-les ! À Emmaüs, par exemple ou via l'application Geev.

TU PEUX LE FAIRE !

Installe une boîte à livres
Une mini-armoire avec trois étagères posée devant chez toi ou dans ton école si la direction est d'accord, et le tour est joué : les passants déposent ou prennent des livres et les mots circulent !

Répare
Pour te lancer seul·e dans la réparation d'un objet, les tutos abondent sur le Net (par exemple sur fr.ifixit.com). Si tu veux apprendre à réparer grâce à l'expérience des autres, rendez-vous dans un Repair Café ou dans un atelier participatif de réparation de vélo. Tu cherches un réparateur professionnel? Le site reparacteurs.artisanat.fr recense plus 130 000 artisans en France !

TU PEUX LE FAIRE !

Répare le cordon de ton jogging
Pour réinsérer un cordon qui s'est échappé de la ceinture de ton jogging ou de ta veste à capuche, accroche-lui une épingle à nourrice et fais-la glisser dans la ceinture. Quand elle ressort de l'autre côté, enlève l'épingle et fais un nœud au cordon.

S'entraider
Pour appliquer toutes ces bonnes bases, c'est important de ne pas rester seul·e, d'échanger des tuyaux, des adresses... Tu peux par exemple rejoindre le défi « Rien de neuf » (plein d'adresses et de conseils sur le site riendeneuf.org et le groupe Facebook du défi).

TU PEUX LE FAIRE !

Solidarité sur WhatsApp
Crée un groupe WhatsApp avec des personnes de ton école, de ton quartier, de ta famille, où chacun peut vendre ou donner des objets, échanger des infos...

Difficile d'y voir clair sur les emballages. Les marques multiplient parfois les logos verts **pour nous séduire.** Alors apprends à reconnaitre les vrais labels écolos.

Écolabel européen
Il garantit une réduction des impacts environnementaux tout au long du cycle de vie des produits (fabrication, utilisation, fin de vie) et concerne plein de secteurs : cosmétiques, vêtements, nettoyage, mobilier, bricolage, télévision, etc.

Max Havelaar
C'est le label du commerce équitable pour les textiles, le café, le thé, les bananes, le chocolat… Il garantit une rémunération juste aux producteurs, le respect de leurs droits fondamentaux, et comporte des critères environnementaux de production.

Global Organic Textile Standard
Ce label garantit que les vêtements sont en fibre naturelle (coton, laine, lin, soie, chanvre), à 70 % au moins bio, et que leur fabrication a des impacts limités (réduction des consommations d'eau et d'énergie, interdiction et restriction de substances dangereuses pour la santé).

Ecocert Cosmos / Cosmébio Cosmos
Ces labels garantissent un impact minimal (réduction des emballages, procédés de fabrication à moindre impact) et se divisent en 2 certifications : Cosmos Natural, qui garantit un minimum de 95 % d'ingrédients d'origine naturelle ; Cosmos Organic, qui garantit un minimum de 95 % d'ingrédients d'origine naturelle et de 20 % d'ingrédients certifiés biologiques.

AB
Ces deux logos garantissent que les fruits et légumes sont cultivés sans pesticides, herbicides, ni engrais de synthèse et sans OGM, pour éviter de polluer l'environnement et nos aliments.

Pour un guide complet des labels par catégories de produits, rends-toi sur le site de l'Ademe.

DES APPLIS POUR SCANNER LES ÉTIQUETTES

De plus en plus d'applis t'aident à y voir clair.

• Clear Fashion
Tu scannes l'étiquette d'un vêtement et tu obtiens une note sur 100. Ce score est attribué après des recherches sur la marque dans quatre domaines : son impact sur l'environnement, son respect des droits des travailleurs, l'impact de sa production sur la santé, son impact sur les animaux.

• My Label
Cette appli se concentre sur les produits alimentaires et leur donne une note en fonction d'un tas de critères liés à la santé (degré de transformation, additifs…), la planète (biodiversité, pollution…), le social (juste rémunération des agriculteurs, *greenwashing*…).

• Moral Score
L'appli te demande d'abord de sélectionner 3 valeurs parmi une dizaine : respecter l'environnement, contribuer au bien de tous (impôts), offrir de bonnes conditions de travail, etc. Elle t'indique ensuite les marques qui respectent les valeurs que tu as choisies en leur attribuant une note.

Dix millions de tonnes de nourriture sont jetés en France chaque année ! Ce gaspillage scandaleux a lieu tout au long de la chaine de production (dans les champs, les usines, les magasins…). Une part très importante (33 %) se passe **à notre niveau de consommateur.** Suis ce programme en trois temps pour limiter le grand gâchis.

Prends de bonnes habitudes

• Fais la différence entre la date limite de consommation (DLC : une limite impérative à ne pas dépasser) et la date de durabilité minimale (DDM) qui concerne les aliments secs comme le riz, les pâtes, les aliments en conserve : son dépassement ne rend pas l'aliment dangereux, mais au-delà de la date, il aura éventuellement perdu des qualités nutritionnelles et gustatives… L'une ou l'autre est indiquée sur les produits.

• Mange les produits qui ont la DLC la plus courte en premier.

• Ne laisse pas les restes dépérir au frigo, fais-en un festin !

NE LAISSE PAS LES RESTES DÉPÉRIR AU FRIGO, FAIS-EN UN FESTIN !

Télécharge la bonne appli

Too Good to go te permet d'acheter à prix mini, auprès des restaurants et des magasins de ton quartier, des paniers composés de mets qui n'ont pas trouvé preneurs mais sont encore comestibles.

Suis les bonnes recettes
Jeter du pain? Un sacrilège. Le pain sec est un ingrédient merveilleux avec lequel on peut cuisiner un tas de recettes.

À TOI DE JOUER!

• Croûtons

Coupe le pain en cubes. Étale-les sur une plaque de cuisson. Arrose d'huile d'olive.
Ajoute, si tu as envie, des épices, du thym...
Mélange.
Cuis à feu moyen jusqu'à ce que les croûtons soient dorés. Ils sont délicieux dans les salades, les soupes...

• Pudding

Bats 3 œufs avec 40 g de sucre. Ajoute 1 demi-litre de lait. Verse ce mélange sur 150 g de pain sec émietté dans un plat à gratin. Laisse reposer une demi-heure au frais (ou plus si besoin : le pain doit être imbibé).
Tu peux ajouter des raisins secs, des pépites de chocolat, des morceaux de pommes, des fruits rouges, de la cannelle, de la vanille...
Enfourne environ 45 minutes à 180 °C.
Pour une version végane, remplace les œufs parune cuillère à soupe de fécule de pomme de terre ou de maïs et utilise du lait végétal.

• Pâtes à la chapelure

C'est une recette traditionnelle italienne. Réduis environ 100 g de pain sec en petites miettes (avec un rouleau à pâtisserie par exemple, en l'écrasant dans un sac, pour éviter les projections : ça ne doit pas être de la poudre, il faut des petits morceaux). Fais dorer ces miettes dans une poêle à sec, à feu doux, en remuant constamment, avec deux gousses d'ail entières et des herbes et du piment si tu veux. Ajoute 2 cuillères à soupe d'huile d'olive, du sel et du poivre, laisse cuire et mélange encore deux minutes. Enlève les gousses d'ail.
Saupoudre ce « parmesan du pauvre » sur des spaghettis ou même sur des gratins.

Donner une deuxième vie à un article, quelle bonne idée ! Ce marché est aujourd'hui **en plein boom :** on y fait des économies, les objets d'occasion sont plus écolos que les neufs, et Internet permet de faire se rencontrer l'offre et la demande en quelques clics. C'est super ? Oui, à condition de remettre les choses à leur place.

Les applis ont un impact non négligeable

Vinted, Leboncoin, Vestiaire Collective... Les applis de vente entre particuliers ont permis l'essor des achats d'occasion, et c'est une bonne nouvelle. Rappelle-toi cependant qu'elles ont un impact : celui de la livraison (transport, emballages...) et celui des datas centers pour stocker les données.

Le réel, c'est mieux que le virtuel

En allant acheter dans des boutiques réelles (friperies, brocantes, dépôts-ventes...), tu évites les inconvénients du virtuel. Le top, c'est Emmaüs. On y trouve de tout. Il y a plusieurs centaines de points de vente en France et des personnes victimes d'exclusion y trouvent du travail, de l'aide pour s'en sortir.

Acheter de la qualité, c'est toujours mieux

Choisir des objets ou des vêtements solides, avec de bonnes matières qui te plairont longtemps est tout aussi important quand tu achètes du seconde main que quand tu achètes du neuf.

Les pièges de la surconso, version seconde main

L'idée reste de consommer moins et mieux. Si tu craques pour plein de vêtements de la *fast fashion* sous prétexte qu'ils sont d'occasion, si tu vends tes affaires via une appli en te disant qu'ainsi, tu peux acheter plein de neuf puisque tu pourras le vendre plus tard... ça participe au système de surconsommation.

TEST

QUEL·LE ACHETEUR·EUSE DE VÊTEMENTS SECONDE MAIN ES-TU ?

Tu arrives dans une friperie dont les bacs débordent de trésors :

- Tu passes des heures en état de transe à la recherche de la pièce qu'il te faut.
- C'est tentant, mais pas question de paraitre négligé·e pour autant. Tu vérifies tout : les coutures, s'il y a des auréoles sous les bras, etc.
- Même déchiré, un tee-shirt de rêve reste un tee-shirt de rêve : son tissu est si idéal !
- Pffff, fouiller, quelle flemme…
- Génial, ce sera l'occasion de trouver un cadeau pour l'anniversaire de ta sœur !

Tu navigues sur un site de seconde main :

- Quand tu trouves une pépite, tu poses mille questions au vendeur avant de te décider.
- C'est ton mode de vie : le seconde main, ça devrait être un mode de vie pour tous !
- Acheter des fringues cool en restant sur ton canapé : le rêve !
- Mmmh, tu sens le potentiel d'une pièce : tu vas pouvoir la découdre, la transformer, la customiser !
- Tu regardes tous les jours : trouver un trésor à 2 €, c'est plus grisant que de gagner au Loto !

Résultats :

- : tu es un·e acheteur.euse obsessionnel·le.
- : tu es un·e acheteur·euse maniaque.
- : tu es un·e acheteur·euse créatif·ve.
- : tu es un·e acheteur.euse paresseux·se.
- : tu es un·e acheteur·euse militant·e.

Quand on change son mode de vie, des résistances et des doutes surgissent. Tu te poses peut-être l'une de ces questions. Ou bien, des personnes de ton entourage le font. **Alors abordons les questions qui fâchent,** de front.

Est-ce que ça coûte plus cher de consommer écolo?

Les prix des aliments bio sont en moyenne plus élevés que ceux du conventionnel. Tu peux t'en sortir en limitant les produits les plus chers, comme la viande et les fromages, qui se trouvent être ceux qu'on doit globalement réduire (ça tombe bien!). Bon à savoir : les prix sont plus bas au rayon vrac! Dans les autres secteurs aussi (vêtements, meubles, high-tech...), acheter des produits écoconçus alourdit souvent la note. Mais ils sont fabriqués pour durer plus longtemps. Sur le long terme, tu es gagnant·e.

Le prix de la réparation d'un objet dépasse souvent le prix du neuf, non?

C'est parfois le cas pour l'électroménager et la high-tech. Entre le coût des pièces de rechange et celui de la main-d'œuvre, l'addition peut devenir plus élevée que le prix du même produit, neuf. Mais le secteur de la réparation s'organise et propose des offres de plus en plus intéressantes.

Et pour tout le reste (le ressemelage de tes chaussures chez un cordonnier, par exemple), tu es gagnant·e à presque tous les coups.

Consommer responsable, ça prend beaucoup de temps?

C'est indéniable : si tu te mets à réparer, faire toi-même, chiner, etc., tu vas y passer du temps.

Mais ce n'est pas du temps perdu.

Au contraire, ces moments vont probablement te rendre très heureux•se. Et sortir de la surconsommation consiste par ailleurs à gaspiller moins de temps à faire du shopping ou à regarder des vidéos de pubs sur les réseaux sociaux. Ça s'équilibre!

On peut continuer à consommer autant qu'avant, puisque le recyclage va tout résoudre, n'est-ce pas ?

Le recyclage est indispensable. Mais il ne résout pas tout, loin de là. Et il ne fonctionne pas comme la boucle sans fin qu'on nous présente parfois.

✔ Pour recycler, il faut de l'énergie. Le verre, par exemple, est fondu dans des fours à environ 1500 °C.

✔ Certains produits sont dits recyclables, mais ils ne le sont pas en pratique. C'est le cas des gobelets en plastique pour lesquels il n'existe aucune filière de récupération ou d'une partie des produits high-tech qui finissent dans des décharges en Afrique ou en Asie.

✔ Certaines matières, comme le plastique appelé PET qui compose les bouteilles, se dégradent quand on les recycle (le PET perd notamment sa transparence). Il faut ajouter du PET neuf au PET recyclé pour qu'il conserve ses qualités.

À quoi bon limiter mon impact puisque ce sont les riches qui polluent le plus ?

Les études montrent que l'impact du mode de vie des plus riches est de très loin plus lourd que celui des pauvres ou des classes moyennes (voir p. 44). Selon de nombreux économistes, il est indispensable de mener des politiques qui limitent cette richesse et son impact.
Mais cela ne veut pas dire que le reste de la population (toi y compris !) ne doit rien changer. Les experts du climat, de la biodiversité, énormément de scientifiques le disent et le répètent : il faut changer l'ensemble de nos modes de vie et de production.

ET ÇA PASSE PAR NOTRE CONSOMMATION !

Les droits des ouvriers qui fabriquent nos objets à l'autre bout du monde sont fréquemment bafoués. Leurs conditions de travail déclenchent parfois des drames qui secouent l'opinion et donnent envie de crier : **« Plus jamais ça ! ».**

Le drame du Rana Plaza

Les faits

Le 24 avril 2013, l'usine baptisée *Rana Plaza* s'effondre au Bangladesh. Ce sont 1 135 travailleuses et travailleurs, principalement des femmes, qui y trouvent la mort. Dans cette usine étaient fabriqués des vêtements pour plusieurs marques de la *fast fashion*. Sous les décombres, on a notamment trouvé des étiquettes de Mango, Tex, H&M...

La réaction

- Un accord est signé quelques mois plus tard, entre 300 entreprises du textile et le gouvernement du Bangladesh, pour améliorer la sécurité des ouvriers dans les usines.
- En France, une loi est votée en 2017 instaurant un « devoir de vigilance ». Son objectif : obliger les marques à ne plus fermer les yeux sur les problèmes sociaux et environnementaux qui ont lieu tout au long de la chaîne de fabrication des produits qu'ils vendent.

La lutte continue

Les droits des ouvriers de la mode continuent d'être violés dans de nombreuses usines. Et l'ultra *fast fashion* représentée par Shein aggrave le problème.

Tu veux t'impliquer ?

Tu peux rejoindre le mouvement mondial Fashion Revolution (@fash_rev_france sur Instagram), créé juste après le drame, en relayant leurs messages. Sa campagne, « *Good clothes, fair pay* » (@goodclothesfairpay), réclame « un salaire décent pour les personnes qui fabriquent nos vêtements ».

La tragédie des Ouïghours

Les faits

Les Ouïghours sont près de 11,5 millions de musulmans vivant dans la région du Xinjiang, dans le nord-ouest de la Chine. Depuis 2014, le gouvernement chinois mène une politique d'assimilation forcée de ce peuple. Les femmes sont stérilisées pour les empêcher d'avoir des enfants. Depuis 2016, 3 millions de Ouïghours ont été déportés dans des camps de concentration. Des centaines de milliers d'entre eux sont réduits à l'esclavage dans des champs de coton ou dans des usines. Beaucoup de marques profitent de cette main-d'œuvre pour produire à bas coût. En 2020, un rapport australien à désigné 82 multinationales de la mode, de la high-tech ou de l'automobile comme étant impliquées dans le drame des Ouïghours, parmi lesquelles Adidas, Amazon, Apple, BMW, H&M, Microsoft, Nike, Nintendo, Samsung... Shein n'était pas dans le rapport australien mais en fait aussi partie*.

La réaction

Grâce à des campagnes appelant au boycott, à la pression d'activistes, de politiques, quelques marques, dont Puma et H&M, assurent qu'elles ont arrêté de bénéficier du travail forcé des Ouïghours.

La lutte continue

En 2021, trois associations françaises (Sherpa, le collectif Éthique sur l'étiquette, l'Institut ouïghour d'Europe) ont porté plainte pour « recel de crimes contre l'humanité » contre plusieurs marques : Zara, Bershka, Uniqlo France...

Tu veux t'impliquer ?

Tu peux soutenir le collectif de l'Éthique sur l'étiquette, en signant des pétitions, en envoyant des courriers adressés aux marques, etc.

** Shein : « Derrière les T-shirts à 2 euros ou les robes à 9 euros se cache un système d'exploitation d'une rare violence »,* Le Monde, *7 juin 2023.*

Pour devenir un·e consommateur·rice militant·e, tu peux accomplir, au quotidien, **toutes sortes d'actions utiles.**

Le boycott

Refuser d'acheter certaines marques pour protester contre leurs pratiques, c'est la base. Pense à Gandhi qui a appelé au boycott massif des textiles anglais, en Inde, entre 1920 et 1931, pour favoriser les textiles traditionnels de son pays. Cette action, qui a permis de redonner du travail aux Indiens, de valoriser leurs savoir-faire et leur économie, fait partie de celles qui ont abouti à l'indépendance du pays en 1947. Une preuve parmi d'autres que le boycott, ça marche !

TU PEUX LE FAIRE !

Boycotte l'eau en bouteille

Et si tu commençais par cesser d'acheter des bouteilles en plastique ? C'est facile (il suffit de se munir d'une gourde) et évident (qui a besoin de bouteilles en plastique polluantes quand l'eau potable coule du robinet ?).

Name and shame

En français, on dirait plutôt « désigne et mets la honte ». Et grâce aux réseaux sociaux, cela peut s'avérer très efficace. Tu peux faire des posts en taguant une marque pour lui demander des comptes sur un comportement néfaste avéré.

TU PEUX LE FAIRE !

Dénonce le suremballage

Pour militer contre les emballages absurdes (bananes vendues dans une coque en plastique, par exemple), Greenpeace Canada a créé en 2018 le hashtag #ridiculouspackaging. L'overdose d'emballages te rend dingue ? Dénonce les abus sur les réseaux avec ce hashtag, en taguant la marque responsable.

Participe à des campagnes militantes

Les associations de défense de l'environnement et des droits de l'homme ont pris l'habitude de faire appel au grand public pour relayer leurs campagnes. Leur combat passe par la communication et, plus elles ont de soutien, plus leur voix compte. Alors il est important de liker leurs posts, de les relayer, de signer leurs pétitions, de participer aux actions qu'elles proposent...

TU PEUX LE FAIRE !

Soutiens le retour de la consigne

Ramener ses contenants vides en magasin pour faciliter leur réutilisation, ça te semble une bonne idée ? C'est le principe de la consigne. Elle permet de sortir du tout jetable. Pour encourager cette pratique, Zero Waste France a lancé en 2023 la campagne #ConsignezMoi. Elle invite les citoyen·nes (donc toi, si tu veux !) à rapporter leurs contenants en verre vides en magasin, avec l'étiquette « Consignez-moi » et à interpeller les magasins et les marques avec le hashtag de la campagne.

Écris des lettres

« M.·Mme le·la responsable de ma boulangerie préférée,
Je constate avec tristesse que vous jetez chaque soir des denrées alimentaires pourtant consommables. Pour lutter contre ce gaspillage, vous pouvez donner ces invendus à une association ou encore les vendre sur l'appli To Good to Go. »
Une simple lettre bienveillante peut avoir un grand pouvoir de persuasion.

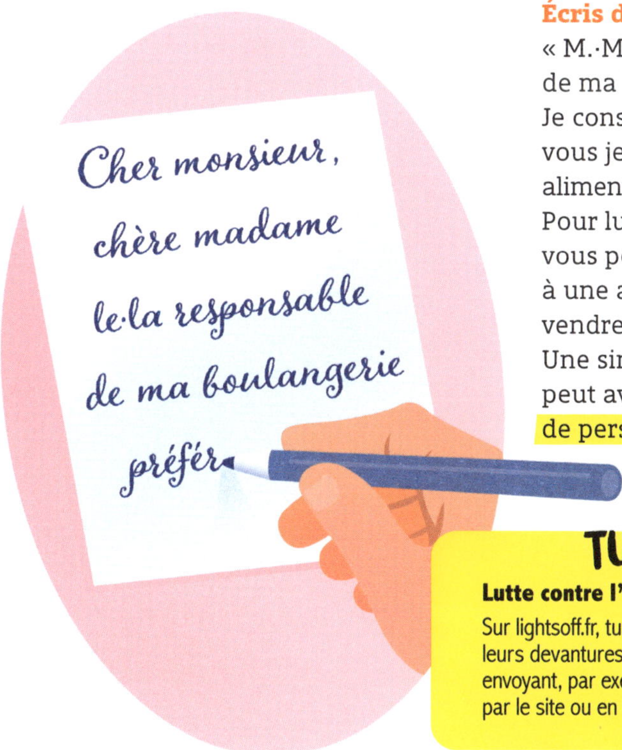

TU PEUX LE FAIRE !

Lutte contre l'éclairage nocturne

Sur lightsoff.fr, tu peux inviter les commerces qui laissent leurs devantures allumées la nuit à les éteindre, en leur envoyant, par exemple, un des courriers types proposés par le site ou en laissant un avis sur Google Maps.

On est encore à des années-lumière d'un monde pleinement organisé autour de la réparation. Mais des avancées ont été accomplies sur ce terrain. Tu peux profiter de ces progrès pour te convertir à cette tendance de fond !

Le reconditionné en plein boom

Il est devenu facile d'acheter des objets high-tech d'occasion, vendus après avoir été remis en état et avec une garantie. Pour les smartphones, voici trois ateliers de reconditionnement qui travaillent en France :

- boutique.ateliers-du-bocage.fr (ils sont liés à Emmaüs)
- yes-yes.com
- smaaart.fr

Pluie de tutos sur Internet

C'est magique. Tu tapes « Comment réparer... » dans un moteur de recherche et les tutos s'affichent, qu'il s'agisse d'un ordi qui plante, d'un trou dans un jean, d'un aspirateur qui n'aspire plus, etc.

Un Repair Café près de chez toi...

Dans ces ateliers, tu apportes un objet que tu vas réparer avec l'aide des bénévoles présents. Il en existe plusieurs centaines en France. Et si tu ne trouves pas de Repair Café près de chez toi, le site repaircafe.org t'explique comment en créer un.

... ou un atelier de réparation de vélos

Les deux premiers ateliers de réparation de vélos sont nés en France à Grenoble et Lyon, en 1994. On en compte aujourd'hui presque 500 ! Chaque membre est invité à transmettre ses connaissances. On y lutte contre le gaspillage puisque les pièces sont issues de la récupération. Ces ateliers sont regroupés au sein du réseau L'Heureux Cyclage.

Des réparateur·rices de baskets

La cordonnerie, on connaissait depuis longtemps. Mais la réparation de baskets, c'est nouveau. Il y a maintenant Docteur Sneacker, Maison Sneacker, la Cordonnerie Veja, l'Atelier de la Basket... Ils ne sont encore qu'une poignée mais certains proposent d'envoyer les baskets par colis, partout en France.

Un bonus pour faire réparer

Lancé en décembre 2022, ce bonus concerne les appareils électroménagers, high-tech, certains instruments de musique, des outils... Il est par exemple de 30 € pour une trottinette électrique ou de 60 € pour une télévision. Le bonus, financé par l'État, est déduit de la facture à condition :

- De s'adresser à un réparateur qui a le label QualiRépar (tu en trouves la liste dans l'annuaire, sur le site du label).
- Que l'appareil ne soit plus couvert par une garantie.
- Que l'appareil ait un numéro d'identification.

À TOI DE JOUER !

Répare un matelas gonflable !

- Pour repérer la fuite, plonge le matelas gonflé dans l'eau si tu peux. Des bulles vont s'échapper du trou.
Tu peux aussi passer une éponge gorgée d'eau savonneuse sur la surface. Des bulles se formeront au passage du trou.

- Sèche bien le matelas.

- Découpe un morceau de rustine (une sorte d'autocollant qu'on trouve dans les magasins de bricolage) proportionné au trou.

- Retire le papier protégeant la rustine.
Colle la partie adhésive sur le trou, en enlevant les bulles d'air.

Le tour est joué, ton matelas est réparé !

Changer le système de surconsommation, ça commence par de nombreux gestes accomplis à l'échelle individuelle, mais ça passe aussi **par des changements collectifs.** Alors, c'est parti ! On se bouge, ensemble.

Agir à ton niveau individuel est indispensable…

Des experts ont fait le calcul* : un·e Français·e moyen·ne émet 11 tonnes de CO_2 par an. Imaginons que ce·tte Français·e moyen·ne décide de faire de gros efforts et adopte un mode de vie vertueux sur les points suivants :

- Se convertir au végétarisme.
- Préférer le vélo à la voiture.
- Arrêter l'avion.
- Acheter moins de vêtements neufs.
- Manger local.
- Chauffer moins son habitat.
- Acheter de la high-tech et de l'électroménager d'occasion.
- Passer au zéro déchet.

Avec ce changement de vie important, les émissions de CO_2 de notre Français·e moyen·ne diminueraient de 25 %.

** Étude du cabinet Carbone 4, « Faire sa part ? », juin 2019.*

… mais ça ne suffit pas !

25%, c'est important. C'est essentiel que chacun d'entre nous modifie sa consommation et ses habitudes de vie. Mais la majorité de notre impact provient de sources que nous ne contrôlons pas directement : le mode de production des industriels, les méthodes choisies par les agriculteurs, le fonctionnement des hôpitaux, la construction des routes, etc.

AGIR SEUL·E… ÇA NE SUFFIT PAS !

Conclusion ?

Il est indispensable que les entreprises changent leur façon de produire et que l'État mette en œuvre des politiques pour modifier le fonctionnement des services publics, des transports, de la production d'énergie... C'est tout le système qu'il faut réformer. On doit donc trouver des solutions collectivement et passer à l'action à tous les échelons.

DES CITOYENS QUI S'UNISSENT

Voici trois expériences passionnantes de citoyens qui s'unissent pour changer le système.

- **La coopérative Oasis**

Elle regroupe plus de mille collectifs en France, où des citoyens inventent une façon de vivre écolo et solidaire. Ils cultivent des légumes ou font cuire du pain, accueillent du public pour des formations sur l'écoconstruction ou des artistes en résidence...

- **Énergie partagée**

Des centaines de projets réunissent citoyens et acteurs locaux pour produire une énergie renouvelable (solaire, éolienne, hydraulique) et encourager la sobriété énergétique. Ils sont réunis au sein de ce mouvement.

- **Le Printemps écologique**

C'est un « écosyndicat » qui permet aux salariés de défendre l'écologie au sein de leur entreprise : verdir la production, organiser le covoiturage, etc.

Tu te demandes ce que toi, tu peux faire pour passer à l'action? C'est vrai, tu n'as peut-être pas encore le droit de vote, mais **il n'y a pas d'âge pour refaire le monde** avec les autres!

Deviens éco-délégué·e

Depuis 2020, l'élection d'un·e éco-délégué·e par classe est devenue obligatoire dans les collèges et les lycées. Sa mission? Accompagner son établissement dans la réalisation d'actions écoresponsables. Si tu deviens éco-délégué·e, tu peux sensibiliser tes camarades aux gestes quotidiens (éteindre les lumières, respecter le tri des déchets dans les poubelles installées en classe…). Tu peux aussi porter des projets dans plusieurs domaines : biodiversité, gaspillage alimentaire, consommation d'énergie…Tu veux créer un compost avec les restes de la cantine? Organiser un troc de vêtements dans la cour de récréation? Projeter un documentaire sur la pollution plastique en classe? Alors fais campagne pour être élu·e éco-délégué·e à la prochaine rentrée.

Rejoins Youth For Climate

Si tu as envie de t'engager pour faire pression sur les décideurs politiques et économiques afin qu'ils passent à la vitesse supérieure dans la lutte climatique, tu peux rejoindre Youth For Climate.
Ce mouvement de jeunes est né en 2019, suite à l'appel de la militante Greta Thunberg à une grève scolaire pour le climat.
Le mouvement compte 130 groupes locaux en France qui organisent des manifestations, des projections-débats, participent à des festivals, des luttes locales…
Leurs revendications de base?
1) Maintenir la hausse de la température mondiale inférieure à +1,5 °C par rapport aux niveaux préindustriels.
2) Assurer l'équité et la justice climatique.
3) Tenir compte des meilleures données scientifiques actuellement disponibles.

À TOI DE JOUER

Les slogans affichés dans les manifs, sur des bouts de carton, par les militant·es de Youth For Climate sont réjouissants et font pleinement partie de la lutte anti-surconsommation. Ils sont une formidable manière de détourner la créativité de la pub. Tu as envie de crier tes revendications ? Inspire-toi de ces slogans et crée les tiens !

« Minimalisme », « zéro déchet », « consommer moins, mais mieux », « simplicité volontaire »... La lutte contre la surconsommation peut se dire avec plein de mots différents. Mais l'un d'entre eux s'impose de plus en plus : **« sobriété »**. Teste tes connaissances sur cette notion !

À TOI DE JOUER !

1. Qui a inventé l'expression « sobriété heureuse » ?

a) Le président de la République Emmanuel Macron
b) Jésus Christ
c) Bouddha
d) Le paysan et philosophe Pierre Rabhi (1938-1921)
e) La militante Greta Thunberg

2. Dans son 6e rapport, paru en mars 2023, le GIEC (Groupe d'experts intergouvernemental sur l'évolution du climat), qui étudie le changement climatique depuis plus de 30 ans, a – pour la première fois – affirmé que la sobriété était nécessaire à la lutte contre le réchauffement climatique. Mais au fait, quand le GIEC a-t-il été créé ?

a) En 1988
b) En 2000
c) En 2015

3. En matière de sobriété, les plus pauvres n'ont pas beaucoup d'efforts à faire. Pour que la transition soit équitable, le plus gros des efforts doit peser sur les plus riches. Pour aller dans ce sens, certains militants proposent d'interdire les jets privés, parce qu'ils sont super méga polluants. À ton avis, les émissions carbone d'un trajet Paris-Nice en jet privé sont combien de fois plus lourdes que le même trajet en TGV ?

a) 3 fois plus
b) 100 fois plus
c) Environ 1 000 fois plus
d) 50 000 fois plus

4. En 2022, une crise a engendré une pénurie d'énergie. La sobriété énergétique s'est alors imposée à tous les niveaux. Quelle crise a déclenché ça (alors que les écologistes demandent une politique de sobriété énergétique depuis des années) ?

a) Une invasion de fourmis rouges dans une centrale nucléaire.
b) Le sabotage en série de conduites de gaz par des militants masqués.
c) L'invasion de l'Ukraine par la Russie.
d) La crise du Covid.

Réponses :
1. d), 2. a), 3. c), 4. c)

À TOI DE JOUER !

Qui a dit quoi ?
Relie ces citations sur la sobriété à leurs auteurs.

Le philosophe grec Épicure (342-270 av. J. C.)

L'écrivain français Albert Camus (1913-1960)

Le dirigeant politique indien, l'un des pères de l'indépendance du pays, Mahatma Gandhi (1869-1948)

A
« Je suis avare de cette liberté qui disparaît dès que commence l'excès des biens. Le plus grand des luxes n'a jamais cessé de coïncider pour moi avec un certain dénuement. »

B
« Soyez modéré afin de goûter les joies de la vie en abondance. »

C
« Il faut vivre tout simplement pour que tous puissent simplement vivre. »

Réponses :
a- Camus b- Épicure c- Gandhi

On doit cette théorie à l'économiste britannique Kate Raworth. Dans un livre paru en 2017, elle revisite **les principaux concepts de l'économie** en y introduisant les dimensions sociale et environnementale et propose une nouvelle vision qui les intègre : le donut. Absolument, comme le beignet ! Il est composé d'un double cercle.

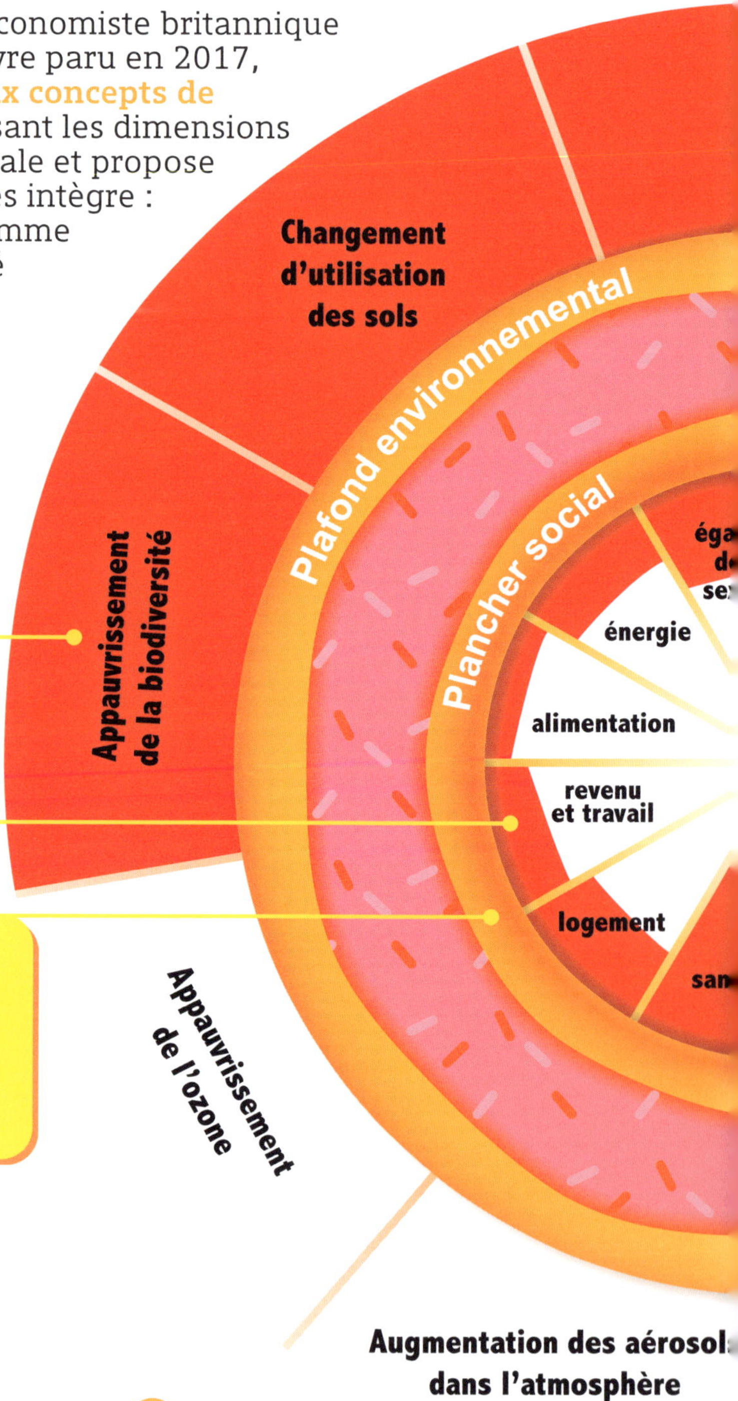

En rouge, figurent les limites que nous dépassons actuellement. À l'intérieur du donut, les besoins essentiels qui ne sont pas assurés pour tous. À l'extérieur, les équilibres planétaires qui sont sous pression.

Le cercle intérieur représente le minimum dont nous avons besoin pour vivre dignement. C'est le « plancher social ». Il est composé de 12 besoins de base.

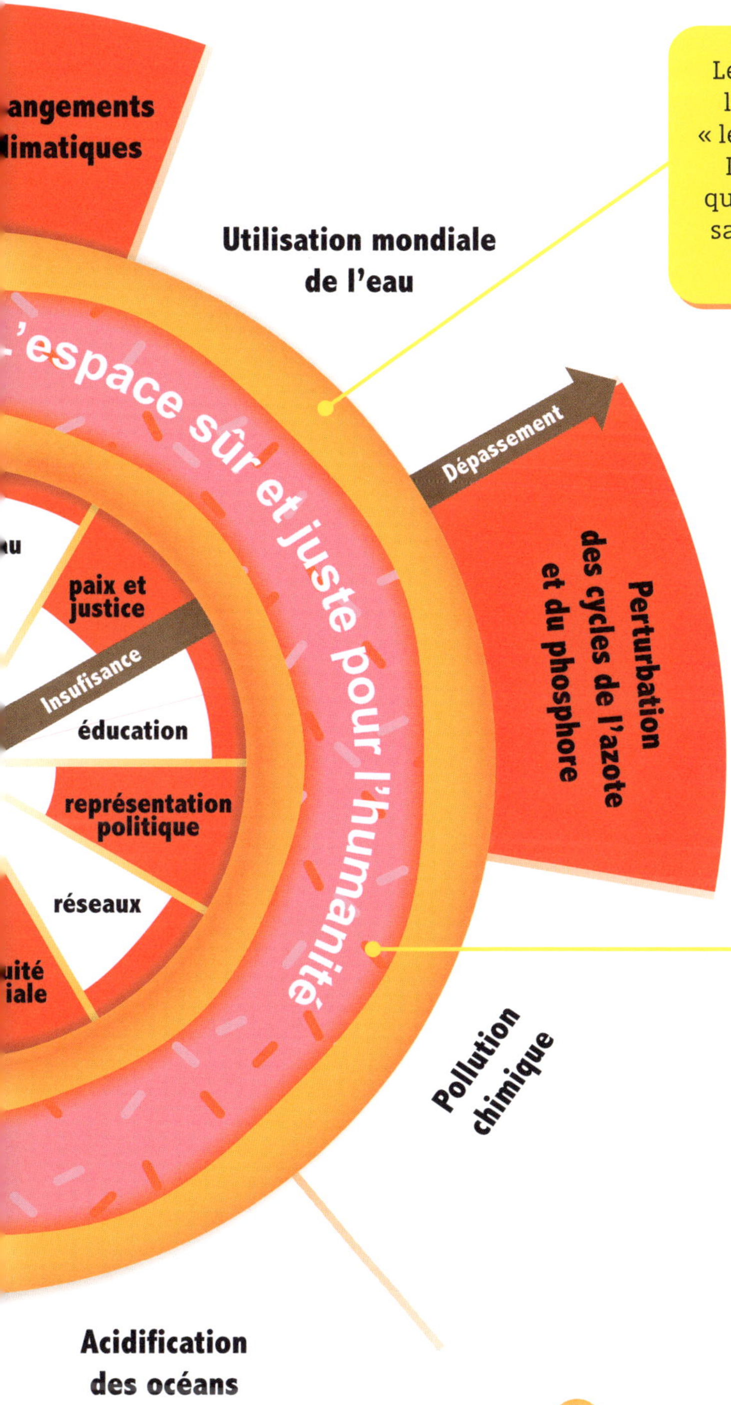

Le cercle extérieur représente les limites planétaires. C'est « le plafond environnemental ». Il est composé des 9 limites que nous ne pouvons dépasser sans compromettre l'équilibre de la planète.

C'est à l'intérieur de ces 2 cercles que nous devons produire, organiser nos vies, et consommer !

L'univers de la consommation alternative est en effervescence. Partout, des lieux inédits s'ouvrent, de nouvelles façons de faire s'inventent. Dans ces endroits, déjà, **un autre monde de la conso est possible !**

Les recycleries et les ressourceries

Un jour, on l'espère, le mot déchet n'existera plus. Tout le monde aura fait en sorte que les détritus deviennent des ressources. Les recycleries et les ressourceries auront joué un rôle important pour ça. On en compte plus de 200 en France. Elles collectent les déchets (meubles, équipements électriques et électroniques, textiles, etc.) pour les valoriser. Certains objets sont nettoyés, réparés et revendus. On peut aussi y assister à des ateliers de sensibilisation, de réparation.

L'Atelier Soudé

Il en faudrait partout sur le territoire, des ateliers comme celui-ci ! L'Atelier Soudé, à Lyon, s'est donné pour mission de lutter contre l'obsolescence programmée des déchets électroniques et de faire en sorte que le plus possible de personnes se réapproprient ces appareils. On peut y acheter de la high-tech d'occasion (non garantie) à prix libre (tu donnes en fonction de tes moyens une somme qui te semble juste), sauf pour les ordis (à prix fixe).

Low Tech Lab

La *low-tech* (qui s'oppose à la high-tech) regroupe des technologies simples, peu onéreuses, accessibles à tous et facilement réparables (comme un four à concentration solaire ou un pédalier pour faire fonctionner une machine à coudre). Le Low Tech Lab regroupe une vingtaine de communautés qui, partout en France, développent ces technologies et ces savoir-faire dont nous avons tant besoin. Elles sont regroupées sur le site lowtechlab.org, où tu trouveras aussi plein de tutos.

La coopérative Oasis

Elle regroupe 1 200 écolieux en France, soit près de 20 000 personnes qui inventent des modes de vie collectifs et sobres. Ils cultivent des potagers, cuisent du pain, accueillent des touristes, des artistes en résidence, font de la formation à l'écoconstruction... et expérimentent à l'échelle d'un immeuble ou d'un hameau un nouveau monde plein de convivialité.

Precious Plastic

Dave Hakkens démarre l'aventure de Precious Plastic en 2013, chez lui, aux Pays-Bas. Avec une bande de passionné·es, ce designer modélise un processus visant à récupérer des déchets et à les convertir en nouveaux produits. Il diffuse ses techniques sur Internet. Precious Plastic devient progressivement une communauté mondiale, avec des centaines d'ateliers répartis sur tous les continents, dont environ 25 en France. Sur le site preciousplastic.fr, tu trouveras tous les contacts locaux et une mine d'infos précises sur le plastique, avec des vidéos expliquant comment fabriquer une déchiqueteuse ou une machine à façonner du fil...

Tu l'imagines comment, toi, le quartier idéal où tout serait organisé pour consommer moins mais mieux? On pourrait le voir, par exemple, comme sur cette page. Et on t'a laissé de la place pour que tu complètes le dessin. Maintenant, **c'est à toi de jouer !**

3
65
19

POUR ALLER PLUS LOIN

FILMS DOCUMENTAIRES

La série documentaire ***Dopamine*** d'Arte, qui explique notre addiction aux applis, de Léo Favier, produite par Les Bons Clients.

Le documentaire **Fast fashion – *Les dessous de la mode à bas prix***, d'Édouard Perrin et Gilles Bovon, d'Arte, produit par Premières Lignes.

RESSOURCES INTERNET

Le site Internet **Qu'est-ce qu'on fait ?**, qui répond avec des graphismes malins à plein de questions liées à la transition.

Le compte Instagram **@ecolo_mon_cul** :
des décryptages anti-greenwashing par un ingénieur.

Le collectif d'étudiants et de jeunes diplômés mobilisés face aux crises écologiques **Pour un réveil écologique**.

De jeunes activistes à suivre sur Instagram :
- la Belge **Adélaïde Charlier** @adelaidecha
- la Suédoise **Greta Thunberg** @gretathunberg
- la Française **Camille Étienne** @graine_de_possible

Le compte Instagram **@droledhumourdurable**, des dessins pour rire de la crise climatique.

Le compte **@vert_le_media** pour des infos écolos efficaces au quotidien.

Le podcast de **Super Green Me**, qui essaie de vivre selon les impératifs de l'Accord de Paris sur le climat.

LES BD

Procrastination écologique, de Maïté Robert, éditions Dargaud, 2022.

Ze journal de la famille presque zéro déchet, de Bénédicte Moret, Le Lombard, 2020.

Plastic Tac Tic Tac, de Capucine Dupuy et Terreur Graphique, éditions Dargaud, 2022.

INDEX

CRÉDITS PHOTOS

h : haut - b : bas – g : gauche – d : droit – m : milieu

P. 12 (h) Fréderic REGLAIN/Alamy Banque D'Images ; **P. 18** (h) JackF/Adobe Stock ; **P. 22** (h, d) ; (h, g) ; (b, d) ; (b, g) ; **P. 23** (h, g) captures d'écrans Snapshat du 9 mai 2023; **P. 28** (m) capture d'écran publicité Burger King ; **P. 29** (h, d) capture d'écran publicité Surfrider foundation ; **P. 29** (b, g) capture d'écran publicité Patagonia ; **P. 33** (b, g) capture d'écran publicité IKKS ; **P. 33** (b, m) capture d'écran publicité DS4 Citroën ; **P. 33** (b, d) capture d'écran Etam ; **P. 39** (m, d) Aozora/Adobe Stock ; **P. 39** (b, g) Ruben Chase/Adobe Stock ; **P. 45** (b, d) bergjournalisten/Adobe Stock ; **P. 55** (h, d) vanillaechoes/Alamy Banque D'Images ; **P. 55** (m, g) hansgeel/Adobe Stock ; **P. 55** (b, d) antoniotruzzi/Adobe Stock ; **P. 60** (h, d) SK Hasan Ali/Alamy Banque D'Images ; **P. 62** (b, d) New Africa/Adobe Stock ; **P. 69** (h, g) Charlize D/peopleimages.com/Adobe Stock ; **P. 69** (h, d) peopleimages.com/Adobe Stock ; **P. 74** (h, d) Anies/Adobe Stock ; **P. 74** (b, g) Atelier Soudé.